기일혜 작가의 끝나지 않은 이야기 **1**

나는 왜 떨리는가?

기일혜 작가의 끝나지 않은 이야기 **1**

나는 왜 떨리는가?

창조문예사

 머리말

   전에 출간한 수필집 50권에, 내 이야기를 많이 썼는데, 아직도 못다 쓴 이야기가 많은가 보다. 퍼낼수록 고이는 샘물처럼 삶과 함께 고이는 내 이야기를 더 해보려고 한다.

   소설도 이야기다. 그러나 픽션 — 만든 이야기다.
   나는 소설가지만 만들고 꾸미지 않은 '순전한 이야기'를 하고 싶다. 순결한, 천연스런, 좀 촌스러우면서도 그윽한.
   있는 이야기 그대로.

   꾸미고 만들지 않아도 내 생명 신비 무한.
   그 신비 무한 속을 깊숙이 거닐어 봤으면… 살아갈수록 신묘막측한 인생. 그 인생 속을 천천히 걸어가면서
   나—라는 생명 근원을 더 알아보는 게,
   내 늙어가는 인생 즐거움이다.

2023년 8월 5일 기일혜

 차례

머리말·5

1부_ 그건 내 모성母性의 자존심이었다

1. 예술가의 집 같아요   12
2. 나는 왜 떨리는가? 1   13
3. 그건 내 모성母性의 자존심이었다   14
4. 나는 왜 떨리는가? 2   15
5. '없음'에서 오는 청결감   16
6. 할머니의 자존감   17
7. 늬가 있어 좋은 나라다   18
8. 후박나무 꽃이 피었구나!   19
9. 서울에 오면 나를 부르소   20
10. 까치야, 그만 쪼아 먹어라   21
11. 난 글보다 사람이야   22
12. 옥수수 아가씨와 노老 부인   23
13. 내가 얘기할 기분이 나서   24
14. 보는 관점에 따라서   25
15. 심장이 달달 떨려서   26
16. 뒷산 바위에게 말하는 사람   27
17. 밤낮 피는 꽃   28
18. 국수菊秀역에서 만난 사람   29
19. 당신의 커다란 머리 리본이   30
20. 봄날에… 오빠가   31

21. 관계(인간)만 네 것이다 … 32
22. 상추 뜯어가지고 오신 친구 … 33
23. 나는 덕촌리에 가는데 … 34
24. 안아주심의 힘 1 … 35
25. 안아주심의 힘 2 … 36
26. 지루한 공간, 설레는 공간 … 37
27. 동네 길거리 카페에서 … 38
28. 주애 언니의 봄옷 … 39
29. 요코하마 김 사모의 독후감 … 40

2부_ 내 감정은 늙지도 않나

1. 앞마당에 도토리나무가 있는 집 … 42
2. 내 책을 다 보셨구나 … 43
3. 나는 왜 절규하는가? … 44
4. 그대 결혼식에 입고 갈 옷 … 45
5. 순간에 그런 말이 어떻게 나와요? … 46
6. 친절함은 겸손에서 나온다 … 47
7. 사람 마음에도 응급실이 필요하다 … 48
8. 부끄러워서 병원 못 갔어야 … 49
9. 착한 어머니들이 있어서 … 50

10. 망초(나물) 캐기   51
11. 어느 소설가의 깨끗한 서문   52
12. 하룻밤 새에 너무 자랐어요   53
13. 어머니의 다재다능함에 대하여   54
14. 아침 7시 반에 찾아온 친구   55
15. 아름다운 탈진   56
16. 된장마늘장아찌   57
17. 내 감정은 늙지도 않나 1   58
18. 내 감정은 늙지도 않나 2   59
19. 속옷 깁는 어머니   60
20. 여기에 파가 들어갔어야   61
21. 우리는 이미 친구인데요   62
22. 자작나무 숲 위로   63
23. 오빠는 잘 있단다   64
24. 살아 있는 동안이 청춘이다   65
25. 내 인생에 지루함 둘 자리가 없어   66
26. 내 영감의 수신탑   67
27. 강 선생의 매력 자본   68
28. 노인석 할머니의 커다란 손   69
29. S치과에 가는 날   70

3부_ 나는 아내의 노예입니다

1. 몰라서 죄송합니다   72
2. 나는 아내의 노예입니다   73
3. 집이 살아 있네   74

4. 아치실 질녀 75
5. 잘 웃는 오행자 님 76
6. 이 독자를 위해서라도 77
7. 고통은 지나가고 아름다움만 남는다 78
8. 그들의 천국 곳간에 쌓여 있을 것 79
9. 당신 집 안에서 풀내음이 나네요 80
10. 늘 여전하셔서 고맙습니다 81
11. 숲속의 작가 사무실 82
12. 저는 축제같이 살고 싶어요 83
13. 젊게 보이고 싶어서 84
14. 나는 커피 안 마셔요 85
15. 아버지 돈 줘요, 돈 줘요 86
16. 이삿짐 다 쌌는가? 87
17. 내가 진흙탕 속에서 허우적거릴 때 88
18. 주부의 자존심 89
19. 이건 무슨 눈물일까? 90
20. 연두색 운동화 신은 청년 91
21. 사랑을 할 때만 피는 꽃 92
22. 당신 결혼식에 내가 축시祝詩를? 93
23. 내 입이 갑자기 왜 이렇게 쓰지? 94
24. 마들렌 캔디와 동네 시인 95
25. 오래 가는 기쁨과 평안 96
26. 주 안에서 어머니가 보낸다 97
27. 날마다 즐겁고 재밌게 살세 98

4부_ 중환자실에서 나를 찾는 독자

1. 5월의 덕촌리 100
2. 마가렛 같은 여인아 101
3. 내가 만난 덕촌리 아저씨 102
4. 감자, 참깨 키우는 대지의 어머니 103
5. 지하철에서 만나는 푸근한 사람들 104
6. 동생이 아름다워 보이는 날 105
7. 오타誤打가 일을 하게 한다 106
8. 아늑함은 왜 슬픔으로 이어지는가? 107
9. 신비를 옮길 수 있나? 108
10. 우리 집 표어가 뭔 줄 아니? 109
11. 당신은 오늘의 베스트 드레서 110
12. 모자란 듯한, 아내 111
13. 내가 가장 행복하게 보일 때 112
14. 이천의 추억 113
15. 헌 운동화 자랑 114
16. 엄마 흥분하지 말고 115
17. 7월에 피어난 자목련 몇 송이 116
18. 인간관계는 종합예술이다 117
19. 어느 외국인 여성 근로자에게 118
20. 저에겐 백과사전 같은 책 119
21. 중환자실에서 나를 찾는 독자 121
22. 아내는 가족의 외로움 장관이다 122
23. 나는 고결함의 탐구자인가? 124
24. 책을 내는 목적이 뭐냐고요? 126
25. 당신에게서 향기가 나네요 127

1부

그건 내 모성母性의
자존심이었다

예술가의 집 같아요

 소독하러 오신 자그마한 아주머니, 어딘가 생각이 있어 보이는 아주머니. 한더위라 얼음물이라도 드리려고 냉동실 열어보니 없다. 이 여름에 얼음도 없는 집. 몹시 당황해서 친구가 준 초콜릿 캔디 한 줌 얼른 드린다. 일을 마치고 그가 갈 무렵, 내가 말한다.
 "글 쓰다 갑자기 나와서 이런 차림이라 죄송해요. 집이 정리도 잘 안 됐는데…" "아니요. 예술가의 집 같아요."
 "예? 예술가의 집이라고요… 당신 혹시 책 읽는 것 좋아하세요?" 그가 좋아한다고 해서, 내 책 두 권 드린다.
 "작가시구나. 이렇게 훌륭하신 분이구나."
 "훌륭하긴, 당신이 훌륭해요. 이렇게 성실하게 몸으로 일하시는 분이 더 훌륭해요."

 남편 가시고 애들 다 결혼시키고 혼자 사는 그. 자기 인생하도 기구해서 글로 써볼까 하는데, 만난 작가 기일혜.
 자기 집에 한번 오라고 해서, 간다고 약속.
 그와 나는 이렇게 친구가 된다.

나는 왜 떨리는가? 1

 어려서 강변 집에서 살 때, 몇 살 때쯤이었을까?… 나는 동네에서 가장 빈한하고 못 산 집에 몇 번 들렀다. 아이도 있는 것 같았는데 그 오두막집은 늘 비어 있고. 장독대엔 작은 단지 몇 개, 흙바닥 같은 방구석엔 누더기 담요때기 하나, 거적 친 변소로 가는 길가엔 골담초 꽃이 신기하리만치 곱게 피어 있고. 아무것도 없는 것 같은 텅 빈, 깨끗하게 가난한 집에서 나는 어떤 청결함을 느끼면서 어린 내 가슴은 미세하게 떨렸다. 왜 떨렸을까?

 83세 된 오늘 아침에야 그 의미가 깨달아진다. 그 떨림은, 커서 ― 가난하고 약한 사람 도우며 살겠다는 다짐, 소망 같은 것. 그 가난한 오두막에서 가슴 떨던 어린 날의 의미가 지금 ― 작지만 '가난 만드는 삶'으로 현실화되고, 가난하고 연약한 인생 돕는 삶에 의미와 가치 두고 사는가.
 오늘도 그런 의미 갖고 사람 만나러 가는 나.
 내 가슴이 어찌 안 설레고 안 떨리겠는가!

그건 내 모성母性의 자존심이었다

 아들 중학교 3학년 때, 그 학교에 강사로 갔다. 내 소설 작법에 대해 강의하려고. 그날 학교 강당에 모인 약 1,000명 남학생, 중간고사 막 끝난 뒤라 왁자지껄. 인솔교사는 단 두 분. 내가 강단에 섰어도 계속 떠들어, 도저히 강의 못할 상황 — 순간, 난 벼락같이 연단을 내리치면서 고함쳤다.
 "조용히!! 조용히 하세요!!!
 여러분 어머니가 여기 섰어도 이렇게 떠들 겁니까?"

 연단 밑엔 반장인 내 아들이 앉아, 연단을 외면한 채 창문 쪽을 바라보고 있다. '나는 저 아들의 어머니!'
 어떻게든 저 학생들에게 내 강의 듣게 해야 한다 — 순간, 연단을 내리치면서 지른 내 고함 소리에 경악한 학생들. 강의 끝날 때까지 찬물 끼얹는 듯 조용했다.
 이런 내가 사람 만나러 가면서 떨린다면 믿겠나?
 '자녀 위해선 죽는 어머니의 사랑'
 어떻게든 1,000명 학생 진정시켜 내 강의 듣게 해야 —
 그건 내 모성의 자존심이었다.

나는 왜 떨리는가? 2

 내가 40대던가? 어머니가 서울 우리 집에 며칠 계셨는데, 가면서 하시는 말씀, "내가 너를 며칠 지켜 보니까, 넌 남의 일로 애타고 다니더라. 내 일로 애타고 다니는 것보다 낫다." 이 말씀이 나를 다 말하고 있다.

 남의 일 도울 때, 살아 있는 희열을 느끼는 나. 어렸을 때 본 어머니는 동네 가난한 사람들하고만 내왕했다. 그걸 보고 자라서일까. 내 친구들은 가난하다.

 누가 물질이 없다면 내게 있는 것 나누고, 온전히 드리기도 하고. 내 짧은 지식, 지혜가 필요하다면 그것 드리고. 내 시간, 위로가 필요하다면 그것도 드리고. 나와 이야기하고 싶다면 이야기도 해 드리고… 사람 만나러 가면서 내가 설레고 떨림은 내게 있는(하나님이 주신 것) 것, 누군가에게 드리러 가기에. 남에게 내 것 드려 섬길 때가 가장 기쁘다. 그러니, 내가 사람 만나러 갈 때, 가슴 떨리지 않겠는가.

 그 사람과의 만남은 곧 내 하나님과의 만남이기도 하니까.

'없음'에서 오는 청결감

「아담의 자손들」 페르시아 시인,
사디 시라즈(1210-1291?)의 시詩라고 한다.

"동일한 본질로부터 창조된 / 아담의 자식들은 / 서로 연결된 전체의 일부분이다. / 한 구성원이 다치고 아플 때, / 다른 사람들은 평화로이 지낼 수 없다. / 사람들의 고통에 대해 / 연민을 느끼지 않는다면, / 당신은 인간이라고 불릴 수 없다."

이 시에 공감하는 나. 내가 가난 만드는 것도, 가난하고 아픈 이웃 보면서, 나만 잘 지낼 수 없다는 마음에서다.
어려서 동네 가난한 오두막에 가보면, 텅 빈 듯한, '없음'에서 오는 청결감, 그리고 생각. '이 집은 왜 이렇게 가난하게 살아야 하나?…' 내가 지금 조금이나마 가난 만드는 것도 '나를 비워내야 새로운 것으로 채워진다.'
궁극의 인생 진리를 체득했기 때문이다.

할머니의 자존감

내 생일이라고 자녀들이 온다 해서, 12시 반까지 동네 식당으로 오라 해놓고. 이른 아침부터 청소 시작. 자주 청소 안 한 구석구석 — 긴 나무의자 다리, 소파 다탁 밑도 엎디어서 닦아내고. 그야말로 '손녀맞이 대청소'

손녀가 오늘 처음 오는 것도 아닌데, 내가 왜 이러지?

손녀에게서 어제 감동의 문자 편지 받아서 그렇다.

특히 이 대목, "할머니의 기도가 정말 많이 도움이 돼요! 저도, 기도 많이 하고 있고 앞으로도 계속 할아버지 할머니를 위해 기도할게요…"

감격한 내 답글은, "…갑자기 부끄러워지는구나. 부족한 할머닌데, 할머니도 더 발전해야지. 발전이란 — 이웃을 더 돕고, 더 나누고, 더 세워주면서 사랑하는 삶이야."

나를 인정한 손녀가 부끄러워서, 나는 대청소하는가?

할머니와 손녀 관계도 인격적으로 가꾸면서 키워야 하고.

나를 존귀하게 여기시는 하나님과의 사랑은, 내가 예수님 말씀대로 살아내면서 하나님을 제일第一로 사랑해야 한다.

늬가 있어 좋은 나라다

제주도 친구에게 우편으로 내 책 10권 보내고 전화한다.
"제주도에도 오늘 소포 보내면 그 다음날 배달되더라고. 우리나라 좋은 나라야…"
"늬가 있어 좋은 나라다."
"자네가 있어 제주도가 더 아름다워지네."

어느 독자가 이런 한 줄 독후감을 보냈다.
"선생님이 계신 이 땅이 참 좋으네요."

사랑하는 당신이 있어 ― 늬가 있어 ― 선생님이 있어 ―
이 나라, 이 땅이 좋다.
그리고 내 맘속엔 하나님 계시고.

후박나무 꽃이 피었구나!

 며느리가 결혼해서 얼마 안 돼, 시어머니인 내 선교여행에 선뜻 따라나섰다. 그때가 목련이 피던 계절. 열차 창밖으로 보이는 목련을 보면서 며느리가 말한다. "어머니, 저는 목련은 안 좋아해요, 후박나무 꽃이 좋아요… 드러내지 않고 넓은 잎사귀 밑에 숨은 듯이(?) 피어서…"

 오늘 아침 힘없이 일어나 창밖을 보니, 어린이 집 정원에 큰 후박나무, 꽃도 보이는 듯. 넓은 잎사귀 밑에 가만히 피어난 후박나무 꽃, 들레지 않고 잠잠한 며느리 같다.

 꽃을 보면 사람이 생각날 때가 있다. 배추꽃 무 장다리꽃 보면 어머니가, 단풍 든 감나무 잎사귀는 할머니 생각… 미국에서 귀국한 엘리트 신사 오빠가 고향집에 오셨을 때, 나는 보드라운 봄 코트(연보라 바탕에 진보라색 꽃들이 흩어진)의 시골 여선생님. "보라색은 귀족에게나 어울리는 색인데, 일혜 너한테 잘 어울린다." 보라색만 보면 그때 오빠 말이 생각난다. 우아한 그리움이다.

서울에 오면 나를 부르소

35도 폭염인 날. 제자, 박순임 시인이 서울 아들 집에 와서 내게 전화한다. 다음날, 서울 지리에 어둡고 몸도 연약한 그를 만나러 내가 지하철 쌍문역으로 갔다.

요즘 쓴 그의 시 ― 제목 「눈 내리는 밤」

기별도 없이 / 소리도 없이 //
무슨 사연이 깊어 / 이 칠흑 같은 밤을 / 하얗게 덮으시나요 //
늘 당신 곁에 / 서성이던 이 마음도 / 하얗게 덮으시나요

제자는 자기를 업어 키운 고종사촌 언니를 꼭 만나고 싶다 해서 모레 ― 제자 만나 석계역까지 동행하기로.
"서울에 오면 언제라도 나를 부르소 ― 내가 도와줄 게."
이게, 내 제자 사랑이다.

까치야, 그만 쪼아 먹어라

제자와 동행하기로 한 석계역, 그의 고종사촌 언니 댁 방문은 취소됐다. 그 언니가 곧 고향 방문한다니, 그때 만나기로 했다고. "그래도 선생님 만나 배우고 싶어요." 해서, 그날 쌍문역에서 약속대로 다시 만났다. 그를 만나, 쉼터에 앉자마자 나는 그의 독자로서 한마디 한다.

"남의 시詩에서도 많이 나오는 — 별, 달, 꽃, 이슬 등은 새롭게 쓰지 않으면, 공감력이 떨어질 수도 있네. 자네, 박순임만의 시를 써야 —" 그의 시 「까치밥 2」 예로 든다.
"까치야 / 까치야 // 그만 쪼아 먹어라 //
내 마음 / 새빨간 마음 / 다 찢어지겠다"

"누구에게도 내비치지 않은 자네
'새빨간 마음 / 다 찢어지겠다'
이렇게 박순임만의 영혼이 묻어나야 해.
어려서부터 찢어지고 초토화되는 자네 인성人性을 보았네. 그게 자네가 시 쓰는 바탕이 된 거지."

난 글보다 사람이야

 윤진숙 님(85세)이 이 폭염에 열무 두 박스 사다, 김치 담근 얘기를 해준다. 담가서 거동 불편한 시누님, 그리고 누구, 누구 드리고, 냉장고에 안 넣은 한 통이 노랗게 익었다고.

 나는 그 댁(지하철로 30분)에 한번 가보고 싶던 참이라, 그럼 오늘 저녁(7시)에 그 열무김치에 밥 비벼 먹으러 가겠다고. 그는 준비 안 됐다 하다, 오라고 해서 갔다. 내 친척 기숙해 님도 오셔서 같이 저녁 들고, 밤 10시 반에 일어났다.

 열무김치 한 통 주신 걸 들고 밤길을 터벅터벅 오면서, 그제야 나는 생각한다. '아차! 나 좀 봐라. 이걸 어쩌면 좋아. 내일(일요일) 원고 보낸다고 아들 오라 해놓고선, 그 준비도 않고 윤진숙 님 열무김치에 빠져 있었네… 난 글보다 사람이야. 사람에게도 좀 엔간히 빠져야지…'

 이튿날 아침, 그 열무김치 맛본 남편 말. "김치에도 양반 상것이 있다면 이건 양반김치네… 고춧가루 하나(?)가 그릇에 남아 있지 않네(맛이 잘 어울러졌다). 이런 김치는 처음이네."

옥수수 아가씨와 노老 부인

 제자 만나러 가는 4호선 지하철 안. 훤칠한 노老 부인이 들어오는데 범상치 않다. 보라색 바탕에 진보라 꽃무늬 잘게 흩어진 인조견 통치마에 흰 세모시 저고리.

 내 옆에 앉기에 "이거(흰 세모시 저고리) 손질하기 어려울 텐데요. 세탁소에?…" "세탁소, 잘 못해요. 내가 하지… 이 옷도, 내가 만들어 입었어요."

 노 부인은 말투도, 표정도 딱딱. 섬세하게 고운 옷 입고 왜? … 표정 좀 부드러웠으면.

 제자 만나고 돌아오는 지하철 안. 내 옆에 앉는 부인(60대?). 노란 옥수수 바탕색에 연두색 가는 벼이삭이 뿌려진 미디 원피스에 모자도 연한 옥수수색. 나는 그에게 '옥수수 아가씨!' 부르려다가 만다. 그 얼굴 보니, 삭막하고 뚝뚝… 옷차림은 옥수수 아가씨인데, 표정이 왜 저러시지?

 한복 차림의 노 부인, 옥수수 아가씨 차림의 중년 부인, 두 분 다 표정이 문제다. 옷차림과 동떨어진 표정들.

 표정 바꾸려면 마음 바꿔야 — 새로움에 대한 갈망 있어야.

내가 얘기할 기분이 나서

제자 만나고 오는 지하철 안. 노란 옥수수색 바탕에 연두색 벼이삭 무늬 미디 원피스의 중년 부인이 내 옆에 앉는다.

나는 "옥수수 아가씨!" 하려다, 그의 뚝뚝한 표정 보고 그만 둔다. 부인과 같이 들어와서 내 맞은편 노인석에 앉은 그 부인의 남편 표정도 보니, 그도 아내처럼 삭막하고.

그 부인 옆자리 손님이 내리자, 맞은편 남편이 얼른 아내 곁으로 옮겨 앉더니… 부부가 뭐라고 한참 얘기하는데, 부인 표정이 살아나 — 내가 얘기할 기분이 나서, "아까 보니, 옥수수 아가씨 같았어요. 이 원피스랑 모자랑." "그래요?"

부인 표정이 더욱 살아난다. 남편도 그런 아내를 보면서 기분 좋아졌는지 내게 묻는다." "(아내가 옥수수 아가씨 같다니)… 나는 몇 살로 보여요?" "아저씨 얼굴엔 노년 청년이 다 있어요. 아까 맞은편에 계실 땐 노년 같더니, 아내가 '옥수수 아가씨 같다' 하니, 청년이 되시네요."

"나는 78세인데, 아내가 옥수수 아가씨라, 참 재밌네요."

마음에 따라 사람 얼굴은 청년도 되고 노년도 된다.

보는 관점에 따라서

우리 아파트 앞에 아담한 카페가 생겼다.

어느 날 동네 친구와 그 카페에 앉아 우리 집 쪽을 보니, 장미 울타리 두른 아파트 옆 소공원 숲이 그야말로 절경. 내가 늘 지하철에서 내려 걷는 아파트 입구 평범한 숲인데, 위치를 바꿔 카페에서 바라보니 참으로 아름답다. 관점뿐 아니라, 사람 마음 상태 따라서도 사물이 달라 보인다. 긍정 마음으로 보면 좋게, 부정 마음으로 보면 나쁘게도 보인다.

내 방, 책상 옆에 모네의 눈 내린 기차역 그림, 표구 않고 판지板紙만 대서 벽에 걸어 놨다. 기차 통학할 때 고생이 생각나서. 옆엔 렘브란트의 〈창가에 앉은 소녀〉 그것도 판지 대서 걸어 놓고. 어제 보니 이 그림들이 약간 틀어졌는데, 반듯할 때보다 더 새롭게 느껴진다. 이상하다. 삐딱하게 틀어진 것도 일종의 변화, 변화는 새로움이라 그런가.

사람은 안 변한다지만 만든 이가 하시면 된다.

바라옵기는, 주님. 사람을 아름답게 보는 '긍정 마인드'로 제 마음, 온화하게 변화시켜 주십시오.

심장이 달달 떨려서

서울에 폭염 경보 내린 날. 그래도 용건이 있어서 어느 친구 집에 갔는데, 그가 걱정스럽게 말한다. "아래층에 물이 새서 조사해 보니, 우리 세면실에서 연결된 통이 오래 돼 샌데요. 또 돈 들어가겠구나, 돈 들어갈 일만 생기면 심장이 달달 떨려요… 그렇게 떤다는 걸 이제야 알았어요."

심장 떨며 살고 있는 그에게, 나는 그날 가지고 간 돈을 드린다. 그 돈을 내게 우편으로 보낸 젊은(?) 독자들이 있다. 그들은 내 고향 후배의 친구들로, 40년 전 직장(구 신탁은행 현 하나은행)에서 만난 동료들인데, 지금까지 변함없는 우정 쌓아온 여성들이다.

친구가 '돈 들 일만 생기면 심장이 달달 떨려서…'
그 말 듣는 순간, 그 말은 곧 내게로 들어와서 내 심장을 달달 떨게 한다… '어떻게 하면 그 친구 심장 안 떨게 하지…,' 이게 사람 말의 힘이다.

성경은 하나님 말씀, 하나님 힘이다. 그 말씀대로 살면— 하나님 힘이 곧 내 힘 된다.

뒷산 바위에게 말하는 사람

오늘 아침 베란다 청소하면서 내가 하는 혼잣말이다. 남편이 들었으면 하는 맘도 있고. "…지금 내 심장이 달달 떨고 있네요. 어제 어떤 친구 집 갔더니 아래층에서 물이 샌대요. 사람이 와서 조사하고, 친구 집 세면실 물 내려가는 통로에서 샌다고. 친구는 또 돈 들 일 생각하니 심장이 달달 떨린대요. 그 말 듣고 온 내 심장도 달달 떨리네요.

'하나님이 내 심장 떠는 것 달래 주셔야지―

안 달래 주셔도, 그리 아니하실지라도 괜찮아요.'

당신도 나 때문에 늘 가슴 떨며 살지요. 경제관념 없는 아내 생존 책임지느라고… 마음 떨며 사는 게 인생인가 봐요."

"내가 아침에 새로 핀 꽃(해피트리) 있나 보러 나왔다 지금 푸념하고 있네요. 당신이 내 푸념 어찌 다 알아듣겠소. 그래도 이렇게라도 말하고 나면 좀 후련해요. 그냥 들어주는 것만으로도 좋아요. 아내 말 들어주는 게 아내 사랑이래요."

듣는지 마는지 묵묵부답인 남편, 뒷산 바위 같다.

밤낮 피는 꽃

아침마다 베란다에 나가서 해피트리 꽃이 피었나, 살피는 게 요즘 내 아침 일과 중 하나다. 오늘 아침도 나가서 우거진 푸른 잎 사이를 세세히 살펴본다. 연녹색 꽃이 진초록 무성한 잎들에 가려서 잘 보이지 않기 때문이다. 그런데 오늘 아침엔 꽃이 없다. 나는 안방의 남편이 알아듣게 말한다.

"꽃이 안 피었네…" "꽃이 뭐 밤낮 피나?" "밤낮 피는 꽃도 있어요." "아아 있지, 기일혜!" "아이구 딱 맞췄네!…"
나는 한바탕 웃고 신이 나서, 더 말한다.

"내가 밤낮 피는 꽃이 되려면 늘 방긋 방긋 웃어야 하고. 이건 좀 자존심 상하지만 남편에게 무조건 순종, 존경하고— 하나님이 남편 생명을 하나님의 권위로 디자인하셨기에, 남편에게 불순종은 하나님께 불순종… 남편도 아내 말 다 들어주고 무조건 아내 편 돼줘야 한대요."

'밤낮 피는 꽃' 고행 속에서만 피어나는 인생의 꽃.
고행 속에서만 맺히는 인생의 열매.

국수菊秀역에서 만난 사람

 어느 날, 독자(오순자 님 70세) 전화 받으면서 놀란다. '이런 목소리라니! 사람 목소리에 마음이 이렇게도 담겨 올 수가 있구나… 그 목소리는 저 하늘 위에서 하얀 순백의 포대기를 내려, 나를 싸안아 주는 포근함이다.'

 나는 전화한 독자에게 느낀 대로, 그대로 말한다.

 "…순백의 포대기가 위로부터 내려와서 저를 싸안아 주네요… 댁이 양평이라고 했던가요?" "양평. 경의중앙선 타고 오다 국수역에서 내리면 돼요." "국수역은 얼마 전에도 도농 친구랑 갔다 왔는데, 한번 만나고 싶어요."

 "오세요. 언제라도." "…그럼 내일은 어때요?" "좋아요."

 다음 날, 나는 개척하는 마음으로 국수역으로 떠난다. 새로운 사람과의 만남이 그날의 내 개척이다. 구약 성경의 갈렙은 거인족들의 땅 해발 800~950미터 높이의 거친 산악지대를 85세 노구로 개척했다. 갈렙 같은 노년을 생각한다.

 갈렙은 하나님 말씀으로 단련된 용사 중의 용사다.

1부 · 그건 그건 내 모성母性의 자존심이었다

당신의 커다란 머리 리본이

인덕원 지하철역에서 내려 수원 쪽으로 가는 540번 버스에 오른다. 앞좌석 여인의 풍성한 뒷머리채, 커다랗게 검은 깔깔이 리본이 얹혀 있다. 옛날에 아가씨나 여선생님들이 긴 머리를 이렇게 묶었는데… 몇 번이나 망설이다가 말한다.

"뒤에서 보니, 당신의 커다란 머리 리본이랑 너무 아름다워요, 당신이 정류소에 있을 때부터 눈여겨봤어요. 지적이고… 요새 누가 이렇게 커다란 검은 리본으로 머리 묶어요… 당신이 아름답다고 누가 말 안 해줘요?"

"처음 들어요. 아무도 그런 말 안 했어요."

"사람들이 그걸 몰라보다니… 알고도 말 안 할 수도 있어요."

곧 버스에서 내려 친구 집 쪽으로 가면서 생각한다.

'주님, 저 젊은 여인에게 자신도 모르고 있는 자기 아름다움을 발견해 줬네요. 누가 말해주지 않은 아름다움을 제가 말해줬네요.' 그에게 기쁨 주면서 나도 기쁘다. 그녀 아름다움 발견해 주면서— 내 마음도 조금 아름다워진다.

봄날에… 오빠가

"봄날에…" 이 한마디에 가슴 설레지 않은 사람 있을까? 오빠가 막내 동생에게 보낸 글. '봄날에… 오빠가'

표가 나는 오빠의 막내 사랑. 오빠는 그 동생이 광주에서 K여고 다닐 때도 인편에 선물 보냈고, 설악산 동해안으로 신혼여행 가서도 속초에서 그 동생 좋아하는 오징어 사가지고 올 정도. 언니들인 우리도 샘내지 않고, 그 막내가 귀염받을 만해서 그렇다고. 그런 오빠가 이번 2023년 봄에 또 특별히 그 동생에게 선물 보냈다. 전에도 가끔 눈깔사탕 값이라고 동생에게 보내더니 이번에도 '봄날에… 오빠가'

그 동생이 오빠한테 잘 하는 걸 언니들도 인정하기에, 그런 오빠가 동생에게 잘 하는 건, 당연하다고 생각.

나는 그 선물보다 '봄날에… 오빠가'라는 짧은 시 같은 여운에 감탄한다. '봄날에…' 그런 봄날의 기억 하나 없는 나. 그런 봄날, 그리워하는 환상으로나 존재하는 나.

관계(인간)만 네 것이다

 포일리 친구가 자기가 감동받은 얘기라고 내게 해주신다. 어느 믿음 있는 중년 남자분이 기도하는데 하나님이 말씀하시더란다. "네가 가진 집, 재산, 자녀들… 다 내 것이다. 그러나 내(하나님)가 가질 수 없는 게 있다. 이것만은 네 것이다. 네가 사람들과 맺는 '관계' 그것만은 네 것이다."
 친구 말 듣고 무엇에 찔린 듯한 나. 아 하나님은 영靈이시기에 사람인 인간과 구체적으로 관계할 수가 없구나. 그래서 하나님은 사람을 통해서 일하시는가.

 사람은 하나님의 위로받기 원하지만 사람에게서도 받기 원한다. 애가 애 좋아하듯, 죄 많은 육을 가진 사람끼리 속에 말도 하고… 사람 관계는 전적으로 사람인 내 책임이다.
 내가 참고 견디면서 섬겨야만 되는 이웃, 가족 관계다. '인간애 아닌 예수님 사랑'으로만 되는 인간관계. 내 인간관계는 하나님도 가질 수 없는 내 것— 내 소관이다.

상추 뜯어가지고 오신 친구

분당 이 선생 전화다. 그날 오전 10시쯤인데,
'지금 우리 집 앞 지하철역, 잠깐 뭘 전해주고 가겠다고.'
곧 지하철역 개찰구 앞으로 뛰어가니, 없다. 그는 어느새 우리 아파트 옆 소공원에 앉아 있다. 옥상에서 기른 상추 한 봉지 들고, 비타민 C 박스가 든 배낭 메고서. 그는 지하철 환승 두 번, 두 시간 걸려 오셨다. 83세, 허리 아픈 노인이.
"세상에 이게 웬일이야!"

집 앞 식당에서 점심 들고, 소공원 시원한 나무들 밑에서 속 이야기 많이 하다 오후 4시 반쯤 헤어졌다. 집에 오니, 남편은 응원하는 야구팀이 형편없는(?) 작전으로 진다고 불평하며 TV 보기에, 난 내 방으로 ― 누가 불평하는 걸 보는 것 힘들어서. 주말 TV에서 볼만한 기획물 찾아보다가 그대로 잠이 든다. 뭔가 이상해서 눈을 떠보니 코피가 난다.
오랜만에 친구 이 선생 만나 흥분했나?… 손님은 나를 흥분케 한다. 흥분하고 코피 흘리면서도 손님은 늘 반갑다.

나는 덕촌리에 가는데

외출하면서 아파트 청소하는 아주머니에게 인사한다.
"청소하셔요. 저 오늘 어디 가요."
아주머니가 나를 따뜻이 바라본다. 지난여름, 땀 흘리고 일하시는 앞을 내가 성장하고 외출하면서 죄송하단 말 건넸는데, 오늘은 내 옷차림이 보통인데도 말 건넨다. 눈인사만 하고 지나가도 되는데, 왜 말을 건넬까? … 오늘은 내가 덕촌리 가는 기쁨이 가득 차서 넘쳐나기에.

자기 일에 열중하고 있는 아주머니에게 쓸데없는 참견이라고 할지도 모르나, 나만 희망에 차서 외출하는 게 왠지 미안해, 마음 한 조각이라도 드리고 가고 싶어서.

나 혼자만 희망 찬 하루 산다는 게 아주머니께 괜히 미안해서다. '괜히 미안해서' 괜히 드는 이 미안한 마음, 이게 사람 염치라는 건가? "염치가 없다면 사람이 아니다."
염치 — 여자의 미덕에도 들어가고.
여자는 눈치 재치 염치, 3치가 있어야 한다는 옛말이 있다.

안아주심의 힘 1

 오래 된 옷이라도 잘 맞춰 입으면 새 옷차림 같다. 그렇게 새 옷차림으로 날아갈 듯, 외출하려고 승강기에 오른다. 20 몇 층 사시는 엄마(5, 60대)가 있다. 내 인사, 받아주는 표정이 남다르다. 들고 가는 내 책 한 권 드리고 싶어진다. 내 책, 이해할 것 같아서, "책 읽는 것 좋아하세요?" "예"
 "제가 쓴 책인데, 한 권 드릴게요. 그런데 다른 사람(동네) 한테는 말하지 마셔요. 알려지는 게 싫으니까요."
 내가 또 묻는다. "고향이 어디셔요?" "완도요." "난 장성인데…" 그가 갑자기 나를 꼭 안아준다.

 "어디 가셔요?" "한강 한 바퀴 돌려고요." "걸어서요?" "예, 이수역에서 친구 만나 반포까지 걸어서 거기서 커피 한 잔 마시고." 그의 친구에게도 드리라고 책 한 권 더 드린다. 안아주심의 힘이다.
 내가 아프고 힘들 때 — 더 안아주시는 하나님.
 안아주심은 누군가를 사랑하는 마음이 넘쳐서 — 그 상대의 몸으로까지 흘러 들어가는 — 내 마음이 아닌가.

안아주심의 힘 2

 화순이 고향인 친구와 오후 1시에 만나기로 약속한 날인데, 오후 4시로 바꿔진다. 친구는 오늘 아픈 친구 별미 음식 해드리려고, 어느 친지 승용차로 멀리, 좋은 고기 사러 간다고.

 나는 좀 일찍 가, 그의 아파트 입구 벤치에서 기다리니, 친구가 친지 차에서 내린다. 친구와 같이 그의 집으로 들어가려고 걷는데, 갑자기 그 승용차에서 검은 옷차림의 여인이 내린다. 그는, 내 책을 읽은 분으로 나와 한번 만났다는데 기억이 안 나, 멈칫거리고… 그는 이런 내 쪽으로 급히 달려오더니, 순간적으로 나를 꽉 안아버린다. 풍신하게 검은 블라우스, 검은 옷차림의 세련된 숙녀의 안아주심에 나는 놀라면서도 포옥 감싸주는 그의 안아주심에 안긴다.

 나를 안아주시고, 언제 점심 같이 하자고.
 나는 지금 그의 '화요일 초대'를 기다리고 있다.
 이렇게 안아주심은 힘이 세다(나는 아무하고나 점심 안 한다).

지루한 공간, 설레는 공간

 교육방송에서 공간력空間力이라는 주제로 어느 강사가 강의하는데, 결론이 내겐 충격적이다.
 "지루한 공간은 죽고 가슴 설레게 하는 공간은 산다."

 오늘 새벽 4시 반에 일어나 수필집(50집) 마지막 교정 끝내서 보내고, 내 심신은 거의 탈진 상태. 그런데 오늘은 마곡 숙영 님 집 가기로 약속한 날. 몇십 년 만에 숙영 님 만난다는 설렘으로 내 몸이 서서히 살아난다.
 내 몸이 지쳐 있을 때 좋아하는 사람과 통화만 해도 어느 정도는 회복. 내가 어지럽다든지 피곤해 하면 남편은,
 "어디서 전화 안 오나?" "얼른 친구에게 전화하라고."

 좋아하는 사람과 전화만 해도 살아나는 나.
 그런데 '가슴 설레는 공간은 살아 있다.' 하니, 우리 집 거실 공간, 늘 가슴 설레게 해서 살려내야겠구나… 그리고 내가 어디를 가든, 그 공간을 살려내야지 — 내가 설레는 가슴으로 가면, 나 있는 공간도 살아난다고 하니까.

동네 길거리 카페에서

옛날 구역(교회) 식구가 운영하는 마곡 식당에서 오후 5시쯤 일어났다. 우리 일행은 세 사람. 둘은 지하철 환승해서 사당동으로, 한 사람은 신촌—친구 한 사람 혼자 보내자니, 안 됐다. 긴긴 봄날 집에 일찍 가서 혼자 뭐하나?… 사당동에서 같이 저녁이나 먹고 놀다 헤어지자고 내가 제안.

이렇게 셋은 사당동에서 보리밥 먹고, 어스름 깃든 저녁. 우리는 동네 지하철역, 길가 벤치에 앉는다.

동네 마실 나와서 고샅길 오가는 사람들 보는 것 같이 편안하게 얘기 나누는데 한 친구가, "나는 싸울 줄을 몰라요." 그의 언니인 다른 친구도 "나도 싸움 한번 안 해봤어요. 싸울 줄 몰라요." 싸울 줄 모른다는 두 자매, 그들 앞에서 난 금방 어린애가 되어버린다… 순간 여기가 '인생 낙원' 시기함도 분 냄도 죄도 없는 낙원 아닌가!… 오늘 그 친구 집으로 보내버렸으면—낙원 같은 동네 길거리 카페(벤치)의 밤은 없다. 그 친구를 부른 건 세상말로 신의 한 수였다.

주애 언니의 봄옷

옷은 그 사람 품격을 나타내고 그 사람의 언어가 되기도.

그날, 마곡 숙영 님 집에 가는 날. 영등포구청역에서 신촌 주애 님 만났을 때, 그가 전보다 훨씬 젊게 보인다.

그가 입은 흑자색 봄 점퍼 때문이다. 디자인이 세련되고 그 묵직한 흑자색 안에 흰 레이스 블라우스가 알맞게 화려해서, 한 10년은 더 신선하게 보인다. 신선하면 가볍게 보일 수도 있는데, 그는 전혀 그렇지 않다. 그가 원래 기품 있어 보여서일까.

보통 여인들은 유행 따라 옷과 백을 바꾼다. 안 바꾸는 것은 더한 매력 — 내 친할머니(양할머니)는 젊어서 일찍 남편 보내셨다고 평생 흰색, 회색 옷만 입으셨는데, 할머니의 고품격을 잘 나타내 주었다. 결국 사람이지 옷 아니다.

그날 주애 님 점퍼는 언니가 준 옷이라는데, 그의 품격을 높여 준다. 유행 초월한 그의 내재된 어떤 힘 — 절제된, 내면의 향기 때문일까.

요코하마 김 사모의 독후감

요코하마 김 사모. 오랜만에 그의 독후감(기일혜 수필집 49)을 국제전화로 듣는다. "새벽하늘에 무서운 구름이"(p.105)

새벽하늘 구름이 너무 무서워서 내가 "하나님 아빠!(로마서 8:15)" 하고 불렀다는 대목. 김 사모도 어느 날 깊이 기도할 때 '하나님 아빠!' 하는 말이 저절로 나오려고 했다면서, 그 글에 뜨겁게 공감한다고.

어린 자녀가 아빠! 하고 부르짖는데 외면하는 아빠는 없다. 세상 아버지도 어린 자녀가 아빠! 하면 다 들어주는데, 전능하신 하나님 아버지께서 내가 — 당신의 어린 자녀가,
"하나님 아빠!" 하고 부르짖는 소리를 외면하시겠는가?…
나는 요새 집안일 하면서 힘에 부치면 '하나님 아빠!' 할 때가 있다. 남편이 내 소리 들었을 텐데 아무 말 않는다. 그도 '하나님 아빠'라고 부르진 않아도 그런 천진한 심정이 되어 가나. "늙으면 아(아이) 된다."

인성뿐 아니라 영성도 아이가 되는가.

2부

내 감정은 늙지도 않나

앞마당에 도토리나무가 있는 집

"앞마당에 도토리나무가 있는 집은 시골에서도 못 봤어요. 뒷마당, 앞마당 한쪽에 있는 건 봤어도 앞마당가 중앙에 우뚝 서 있는 커다란 도토리나무는 처음.

도토리나무엔 연한 연두색 새 잎이 나고, 그 너머 멀리 아스라이 보이는 능선들. 망망대해 같은 하늘 한편엔 동산만한 흰 구름송이들이 나를 부르고— 능선과 하늘과 구름이 놀고 있는 집. 이천시 대대리에 있는 당신(독자)의 집."

"동생 따라 당신 친구(이○경) 집에 갔다가, 당신 집에도 가서, 그 도토리나무를 봤지요. 당신 식탁 위엔 내 책이 있고… 남편 세 끼 밥 때문에 외출도 자제하신다는 당신이 좋습니다. 당신 주소 묻는 내게 주신 명함(H교회 새가족위원회 섬김이), 천국에 가지고 가셔도 되겠네요. 당신과 당신의 친구, 두 분 만난 흥분으로 새벽 4시까지 잠 못 들고.

'공감(관계) 자본, 매력 자본' 가진 두 분.

제겐 전혀 새로운, 아름다움입니다."

내 책을 다 보셨구나

동생이 새롭게 구입한 탄탄한 고급 승용차 시승 겸해서, 이천에 갔다. 벚꽃 구경하고 이천 쌀밥 식당에도 가자고, 오빠와 다른 동생이랑 같이.

얼마 뒤, 동생이 가끔 들르고 내 독자도 되는 이○경 님 P식당에 도착. 우리 형제를 열렬하게 환영한다. '저렇게 우아한 분이 '가난 만드는 작가(기일혜)' 독자가 돼, 이토록이나 환영하실까?' 그 독자는 말한다. "동생이 주는 책 20권 교회에 갖다놓으면 1분 만에 다 없어져요."

그 교회 권사님인 그가 좋아하는 책이라, 교인들이 그를 믿고 내 책을 가져다 읽나?

그날, 그 이웃인 도토리나무 있는 다른 독자 집 현관으로 들어갈 때, 그가 한 말씀. "선생님 너무 힘들게 하면 안 돼요, 선생님 또 어지러워요. 책에서 봤어요. 책을 다 봐서 다 알아요." '…내 책을 그가 다 보셨구나…'

작가에 대한 환상은, 그의 삶을 아름답게 끌고도 가겠지.

나는 왜 절규하는가?

이천에서 만난 독자 두 분. 그렇게까지 날 반기시다니!… 돌아오는 길에 오빠가 말한다.

"우리 일혜가 이렇게 환영받는 사람인 줄 몰랐다."

오빠는 유약해 보이는 동생이 환대받는 걸 보고, 흐뭇해하면서도 놀라워한다. "선지자는 고향에서 대접받지 못한다."

나는 선지자는 아니지만 가족, 형제들은 내가 평범하게, 어느 땐 그 이하로 사니까, 그렇게 알 뿐이다.

내 내면은 세상 외면하고 비현실적인 글만 생각한다.

세상 삶은 재미가 없어, 현실 삶은 의무로 살 뿐. 이런 내게 세상 잣대를 들이대면서 뭐라고 하면 슬프다.

세상 삶이 즐거우면, 왜 안 살고 고통스럽게 글이나 쓰고 있겠나?… 이런 고통만이 나를 살아 있게 하기 때문이다.

부모 형제 가족도 나를 알 수 없어 하니까, 울먹임이 쌓여서, 나를 알아주는 사람 만나면 절규하는가? 이 절규가 쌓여서 내 글이 되고… 괜한 얘기. 해도 못 알아들을 얘길 한 것 같다. (사람은 다 다르게 창조. 이해하기 어렵다.)

그대 결혼식에 입고 갈 옷

결혼식 날이 아직 두 달이나 남았는데,

친구 딸 결혼 청첩장을 받았다. 설레는 맘으로 그 예식에 입고 갈 옷, 내 옷 중에서 가장 아름다운 — 그야말로 예술인 옷으로 골라놓고.

나는 꼭 그 결혼식, 축하하러 가야 한다. 그 따님이 어려서부터 곱게, 영특하게 자라는 모습을 보아왔기 때문이다.

그리고 언젠가 그가 엄마에게 한 말 — 그는 퇴근 후, 교회에 들러 기도하는데, '엄마의 소중한 친구인 작가님 위해서 기도하고, 작가님 남편 위해서도 기도한다,' 하고.

예식장 구하는데, 저녁 시간대 밖에 없을 때. "…작가님이 밤에 어떻게 오시겠어?" 거절하고. 그가 시집가는 날 앞두고도 어느 새벽 1시 반까지 엄마와 얘기했다. "작가님 연세가 많은데 천국 가시면, 엄마가 절망할까 봐 그게 걱정이라고." '걱정 마셔요, 하나님이 더 좋은 친구 보내주십니다.'

축하하러 갈 결혼식이 있고, 어여쁘고 총명한 신부가 있다는 것만으로도 고마운 이 세상이다.

순간에 그런 말이 어떻게 나와요?

그날은 토요일 낮, 내가 친구 집 거실에 있는데, 시집가는 그 댁 따님이 외출했다 잠깐 집에 들렀다. 그를 보자마자, 나온 내 말. "나, 그대(따님) 결혼식에 입고 갈 옷도 정해놨어요." 그리고 그를 바라보니, 아아 시집갈 날 받아놓은 아가씨, 아름다움이 절정— 나도 모르게 튀어나오는 말.

"이 아름다움 잘 간직하세요… 이 아름다운 마음 계속 가지셔야, 늙어도 아름다워요." "작가님처럼요." 재치 있는 말로 나를 위로한다. 83세가 아름답다는 위로가 애처롭다.

다음날인가, 그 친구가 묻는다. "그렇다고 어떻게 순간에 그런 말이 나와요? 결혼식 날 입고 갈 옷 정해놨다고."

"왜 그런 말이 순간적으로 나오느냐 하면, 나는 늘 사람을 기쁘게 하려는 마음이 준비돼 있어서 그러나 봐요. 천부적이지요. 타고났어요. 자동인형같이 돼 버려요."

내 삶의 기쁨은 사람 기쁘게 할 때—

사람에게만 내 기쁨이 있기에 그렇다.

친절함은 겸손에서 나온다

 그날 오후 늦게까지, 한 친구 집에 있었다. 집으로 가려고 뭉그적거리는데, 친구 아들이 퇴근해서 돌아온다. 당황해서 얼른 배낭 챙겨드는데, 그 아들이 "잠깐 들렀다, 다시 나갑니다." 아들은 곧 서둘러 나가고 나도 서둘러 나오는데, 친구가 나를 따라 나와서 버스 정류장까지 배웅한다.
 내가 친구에게 말한다. "아까 아드님이 나를 보고 당황하는데, 꼭 내 모습 보는 것 같았어요… 가서 꼭 물어보세요. 밖에 볼일도 없으면서 나, 편안하라고 나간 것 같으니까요… 나와 아드님은 당황하고 당신은 침착하고. 서로 달라서 아름다운 생명들이네요…"

 나중에 친구가 말한다. 아들은 그날 밖에 나갈 일 없었는데, 작가님 편안하시라고 '잠깐 들렀다 나간다.' 했다고.
 청년의 배려하는 마음이 놀랍다. 그는 이번에 직장에서 능력을 인정받아 지부에서 본부로 승진했다. 남을 배려하는 친절한 청년. 친절함은 겸손함에서 나온다고 한다.
 겸손은 — 많은 걸 배우게 된다, 하고.

사람 마음에도 응급실이 필요하다

오랜만에 내게 전화한 젊은 친구에게 물었다.
'어떻게 지내느냐고?' 요즘 직장 상사와 어려운 점도 있다고 해서, 그가 쉬는 날 잡아서 만났다.

그날 만나서 그에게 이 말부터 한다. "사람 마음에도 응급실이 필요하나 봐요. 당신이 요즘 힘들게 산다니, 내가 당신 얘기 들어주는 '하루 응급실'이라도 되고 싶었어요.
우린 이렇게 마음 무거울 때, 무거운 마음 풀어놓고 쉬고 싶은 사람이 필요해요. 그 마음 풀어주고, 가볍게 해줄 응급실 같은 친구가 있어야 해요. 오늘은 부족해도 내가 당신 응급실이 되려고 왔어요… 사람은 참 이상하지요. '누군가를 위로하면서 내가 위로받는다'는 것. 사랑이 놀라운 점은 어느 한 쪽만이 아니라, 서로가 다 위로받는다는 것이지요."

그날, 나는 친구의 아픈 마음 싸안아주는,
하루 응급실이라도 되었을까?

부끄러워서 병원 못 갔어야

몇십 년간 만난 친구지만 오늘에야 처음 듣는 이 말.

오래 전 그가 아가씨 때, 어머니께 못할 말 한 게 얼마 전에야 생각나서 괴롭다고… 부잣집 딸인 몸 약한 어머니가 가난한 아버지에게 시집와 9남매 낳으시고 49세에 가셨는데, 그는 맏딸이라 늘 형제 많은 게 부끄러워, 어머니 생전에 못할 말도 했다고. "수술(불임)이라도 하지 그랬어?" "부끄러워서 (병원에) 못 갔어야." "수술보다 애 낳는 게 더 부끄럽지!"

이제야 깨닫고 괴로워하는 그에게 내가 위로한다.

"어머니 사랑은, 자녀의 어떤 말도 다 녹아요. 당신이 그렇게 예리하게 인생 보는 눈이 있어서 지금 많은 동생들 맏이 노릇 잘 하고 있어요. 그게 9남매 두고 가신 어머니께 효도하는 것이지요. 나도 당신 예리한 매력에 끌려 만나고."

그는 내 얘기 듣고 속이 좀 후련해졌을까?

깊은 아픔이 없어져가는 이 무감각 시대에,
깊은 아픔 있다는 건 맘속에 보화를 가지는 것이다.

착한 어머니들이 있어서

내가 24년 전 50일 예정으로 미국 집회 갔을 때.

고급 음식점에 가면 중년이나 지긋한 여인들이 손님 주문을 받는다. 한국에선 젊은 아가씨들이 받는데, 그런데 그 지긋한 여인들이 손님에게 안정감을 주면서 얼마나 정확, 신속, 품위 있게 주문받는지 놀라웠다.

지난번 까치울에서도 친구와 찻집을 찾았는데, 머리가 희끗한 할머니가 주문받는다. 수수하나 단정하고 지적인 분명한 말씨로. 그는 주문한 오미자차를 들고 와서도 "뜨거우니 천천히 마셔요." 얼마 후, 그가 다시 와서 말한다.

"착한 어머니들이 있어서 우리가 이렇게 삽니다."

미국에서 본 그 초로의 여인들처럼 저 할머니는 멋이 있구나. 격식과 품격 갖춘 할머니의 차 대접 받으면서 '이곳에 오면 이 찻집에 들러야지.' 그는 잠시라도 내 마음을 가져간 여인이다.

망초(나물) 캐기

 까치울에서 친구 만나, 식물원에 갔으나 쉬는 날.
 근처 야산 넘어 넓은 들판으로 갔다. 어느 밭가에 네모진 넓은 나무 상床 같은 게 있고 간이 의자도 있어, 앉는다.
 앞으로 보이는 넓은 밭에서 여인이 뭘 캐고 있다. 친구가 궁금하다, 가보자고. "뭘 캐세요?" "망초 나물이요."
 봄비 온 뒤, 빈 밭에서 자란 연한 망초는 깨끗하다. 이 들판은 아파트 건설 부지라고 노란 깃대가 꽂혀 있다. 나도 나물 캐고 싶은데, 칼이 없다. 배낭에서 큰 비닐봉지 꺼내, 연한 망초를 뽑아 털어서 담는다. 비 온 뒤라 잘 뽑힌다. 뿌리째 뽑으면 안 되지만, 이 밭에 곧 공사 시작되면 기계 밑으로 들어갈 것들. 친구는 이파리만 뜯고, 난 손으로 뽑은 두 봉지를 배낭에 메고 손에 들고.

 그날 밤, 그 많은 망초 다 삶아 냉동실에 넣고… '빈 밭의 깨끗한 망초라 정신없이 캤나?' 가난 만드는 내 삶은,
 매사에 무섭도록 적극적으로 살게 하는,
 나를 생존시키는 구체적인 힘이다.

어느 소설가의 깨끗한 서문

소설가 친구가 오래 전에 보내온 수필집을 이제야 펴본다. 이런 머리글 읽고 숙연해진다.

"…청년기에 꿈꾸었던 작가(소설가)로 생을 마감할 수 있어서 무엇보다 기쁘다. 이제 나 자신에 대한 소원은 없다. (…) 어줍잖은 조각글이 나의 자화상이 될 줄은 미처 몰랐다. 그냥 그때, 그때 열과 성을 다해서 살고자 힘썼을 뿐이다. 그리고 이미 이 세상에 없는 친구들에게도 먼 훗날 만날 것을 믿는다."

봄날, 그 소설가 친구와 과천 현대미술관 셔틀 버스정류장에서 만났는데, 토종 옥잠화 꽃을 한 아름 안고 뛰어왔다.
"기일혜 씨, 토종 옥잠화는 드물어… 이 향기 좀 맡아 봐!…"
그는 내게 싱싱한 옥잠화 꽃 향기, 그대로 전하려고 숨가쁘게 뛰어왔다. 그 사랑을 안고 이 봄을 산다.
지금 난 글 쓰는 친구들과 소원하지만, 천국 가면 옥잠화 꽃다발 들고 온 친구도 만나겠지.

하룻밤 새에 너무 자랐어요

우리 집 거실, '어제, 그 자리'에서 보아야만 관악산 자락에 피어나는 연푸른 신록이 가장 아름답다. 그 자리에서 조금만 옆으로 앞, 뒤로 가서 보아도 그 아름다움이 아니다.
어제가 절정. 하룻밤 지난 오늘 아침에 보니,
하룻밤 새에 나무들이 자라서 어제의 그 아늑한 신록 아니다. 무명 베 한 올 차이로 좁게도 넓게도 보인다고 하더니… 밤새 자라는 나무들.

그리고 외국 영화 이야기에서 본 대사이던가?
장애인 어린 딸을 둔 걱정하는 엄마에게 입주 가정교사가 하는 밤 인사다. "(아이가) 밤새 자랄 거예요."
엄마에게 위로가 되고 소망을 주는 말이다. 인생엔 기적도 일어나고, 어떻게 받아들이느냐에 따라 달리도 보이니까.

'밤새 자랄 거예요'
창조주에게 맡기는 겸손함, 순종함도 들어 있지 않은가.

어머니의 다재다능함에 대하여

우리 집안에는 친가 진외가로 숙모님들이 많다.

그 중, 집안에서 으뜸으로 꼽히는 어느 숙모님. 미모에다 그 시절 서울 명문여고 졸업. 덕수궁 수놓기 대회에서 일등, 서울 인천 경인 마라톤 대회에서 5등, 뜨개질 요리, 남편 섬김 자녀교육 등 팔방미인… 자녀 일곱 서울 명문 중고대 졸업시킨 신사임당 후보감. 그 숙모님도 가시고, 숙모님 자녀인 그 엘리트 사촌들 만나보면 어머니 그리워하는 마음이 생각보다 적다. 그런데 다른 숙모님.

"일혜야, 나보고 전북고녀 가라고 하는디, 공부하기 싫어서 안 갔다." 결혼도 숙부님과 늦게 해서 고생만 하시고. 애들한테 정도 별로 안 주시는 것 같았는데, 그 자녀들 만나보면 어머니에 대한 그리움이 많다.

모성애, 그걸 알려고 하는 내가 잘못. 그래도, 자녀는 왜 다재다능한 엄마보다 그리 못한 엄마를 더 그리워할까?

엄마의 다재다능함은 자녀를 불편하게 하는 무엇이 있나?

아침 7시 반에 찾아온 친구

 장마가 계속되는 우울한 나날. 그날도 이른 아침부터 비가 쏟아지다 그치다, 반복하는데 윤진숙 님(85세) 전화다.
 시간은 7시 30분. "여기 ○○역인데, 지금 작가님 집 앞 지하철역으로 나오실 수 있어요?… 제가 지금 안 갈 수가 없어요. 꼭 가야 해요. 지금 차가 와요."
 부랴부랴 지하철역으로 나가니, 그가 대합실 의자에 앉아 있다. 그는 30여 년 동안, 새벽이면 보라매공원에서 에어로빅하는데, 오늘 새벽에도 가다가 전철 안에서 "우리 작가님"과 똑같은 분 만나, "작가님!" 하고 부르니 내가 아니었다.
 비가 와서 운동 못하고 곰탕집에서 아침 먹다, 전철에서부터 내가 생각나 — 곰탕 두 팩 사서, 그 무거운 걸 메고, 두 번이나 환승해서 오셨다.

 나는 어찌해야 할까?… 그가 어제, 오이가지냉국 만들었는데, 많아서 근처 집안 동서 불러 밥 먹었다고. 그럴 때, 날 부르면 냉큼 가야지— 그와 그런 허물 없는 친구가 되면, 그 사랑 갚을까?… 어떻게도 갚을 수 없는 그 사랑이다.

아름다운 탈진

"우주를 한 사람으로 축소하고 그 존재를 다시 신으로 확대하는 것, 그것이 사랑이다." 빅토르 위고의 말이라고 한다. "이 말을 반대로 풀자면 개인의 크기는 우주와도 같고 신神과도 같다. 그리고 신에 대한 사랑은 개인에 대한 사랑이다."

이 글 읽으면서 윤진숙 님을 생각한다. 얼마 전 85세인 그가 캐리어 끌고 우리 집 앞 지하철역으로 오셨다. 나도 내 책 60권 캐리어에 싣고 가 그에게 전하고. 그는 곧 60권 책값, 내게 송금하고. 우체국으로 가서, 그 책이 든 박스 무학여고 동창회 총무에게 택배로 부친다.

며칠 후 있을, 동창회 날 나누려고. 이 과정 지켜보면서 그가 애독하는 작가에 대한 그의 헌신을 본다.

그 연세에도 이웃을 돕는 최선의 삶으로, 날마다 '아름다운 탈진' 하시고. 다음날, 소녀처럼 태어나시는 윤진숙 님.

'감탄사!' 그의 별명이 그를 다 말해주고 있다.

된장마늘장아찌

오랜만에 동네 친구 전화다. 내가 외출 중이라 길게 못 받고, 귀가해서 전화하니 받는다.

그는 "작가님 안부가 궁금해서 전화했어요." "그래요, 저도 잘 있어요. 지금 뭐 하세요." "마늘 까고 있어요. 유튜브에서 보니까 마늘을 삭혀서 된장에 넣어두면 맛이 좋대요. 그래서 한번 만들어 볼라고요." "남편 저녁 준비는?"

"저녁 다 먹었어요."

"남편이 들어오셨구나." "같이 마늘 까고 있어요."

"어머나 좋은 남편이시네." "…마늘장아찌, 작가님도 드릴게요."

내 저녁이 따뜻해진다. 남편과 같이 마늘 까는 동네 친구. 그가 행복하다는 게 내 행복 같고, 된장마늘장아찌 준다는 그 마음도 따뜻하고. 누구하고도 싸워보지 않았다는 동네 친구. 그 목소리만 들어도 나는 한량없이 평화로워진다.

평화의 대명사 같은 그의 얼굴이, 갑자기 보고 싶어진다.

내 감정은 늙지도 않나 1

 올 장마 중 가장(?) 무더운 날. 입맛 없어서 점심에는 비빔밥. 콩나물 가지나물 상추 등, 나물거리 있어 성급히 준비.
 왜 성급히 준비하나? 어서 맛있는 비빔밥 만들어 남편 깜짝 놀라게 하려고. 너무 성급히 하다, 가위 날에 손을 베고. 나오는 피, 간단히 처리하고 비빔밥 완성.
 남편도 맛있게 들고, 흥분한 채 든 나는 속이 불편해 내 방으로 들어가 쉬면서 생각한다. '왜 점심으로 비빔밥 준비하면서 흥분할까?' 이 눅눅한 장마에 나물 비빔밥 보면서 남편이 좋아할 일 생각하면서, 내가 미리 좋아서 흥분하는가. 좋아하면 되지, 왜 흥분까지 하지? 좋아하는 마음 양이 너무 많아서 — 흘러넘쳐서 흥분이 되는 사람, 그게 나다.

 어떻게 하면 만나는 사람, 곁에 있는 사람 기쁘게 할까? 그 기쁨거리 생각하고 만드는 게 내 일상. 일상의 소소한 기쁨이라도 그건 내 몸과 마음을 다한 삶.
 내 문학이요 예술, 내 생활 예배이다.

내 감정은 늙지도 않나 2

오늘 아침, 연두색 해피트리 꽃 한 송이가 또 피었다.

이 폭염에 꽃을 피우다니, 칭찬해 주고 들어왔다. 낮에 다시 베란다에 가보니 그 꽃송이가 뚝 떨어졌다.

아직 싱싱해서 그걸 유리컵 물에 담가놓고… 그날 늦은 밤, 나가 보니 남편은 안방에서 신문 보고 있다. 낮에 요란하게 비빔밥 준비하고, 속 불편하다고 한 게 미안해서 해피트리 꽃송이 든 유리컵 들고 가, 남편 옆에 놓는다.

"이거라도 보면서 신문 보세요. 이 꽃송이 속에 가녀린 꽃술 좀 보세요!" "가져가라고." 냉정하게 거절.

해피트리 꽃 유리컵 들고 나오면서 하는 내 말.

"내 감정은 늙지도 않나! 낮에도 당신 놀라게(기쁘게) 하려고 비빔밥 하면서 흥분하고, 이 밤중엔 꽃 보라고 하다가 퇴짜 맞고." 뒤늦게 깨달은 남편이 한마디, "꽃 한 송이도 아끼는 마음은 귀하지." 그러나 투 레이트(too late: 너무 늦었다).

그래도 '꽃 한 송이도 아끼는 마음은 귀하지.' 위로가 된다. 부부간에 '너무 늦은 때'는 없는 것 같다.

속옷 깁는 어머니

 남편이 내복 기운다고 하니, 어느 친구가 "내복을 다 기워요?" 하고 놀란 걸 봤다. 어떤 친구는 자기 내복 몇 번이나 기워 입는다, 해서 나를 안심시키고. 그러나 다 다를 뿐. 누가 '낫고 못하고'는 없다.

 나는 어제 종일 바느질. 옷이 크면 줄여 입는데, 급한 대로 가봉하듯이 옷핀으로 하고(창피스런 일). 그렇게 얼마간 입고 다닌다. 어제는 그 옷에서 옷핀 빼고 줄이고, 내복도 기우고. 기워서 입으면 쓰레기도 줄이고 돈도 아끼고.

 이런 과정에서 귀하게 얻어지는 건, 검소한 생활에서 얻어지는 평안이다. 평안은 어디 가서 돈 주고도 못 산다.

 영국이던가, 어느 왕후가 감옥에 갇힌 후, 바느질하는 모습을 그린 그림이라고 기억한다. 해설자 말이다. "화려한 드레스 입은 왕후보다 헌 옷 깁는 왕후가 더 왕후답다."

 화려하게 차린 젊은 엄마보다 늙어서 헌 옷 깁는 어머니가 더 눈물 난다. 어머니답다.

여기에 파가 들어갔어야

오늘 낮, 식탁에 올라온 돼지고기 김치찌개 보고 남편이 한마디 한다. "여기에 파(대파)가 들어갔어야 하는데…"

가끔 듣는 얘기. 나는 어이없어하면서 받는다. "김치엔 온갖 양념 다 들어가서 파 안 넣어도 돼요." 남편은 침묵.

그 침묵에 대항하듯 나는 더 말한다. "난 시골에서 대강대강 살아서 그래요. 촌에서 겨울엔 파가 있나? 파가 없으면 안 넣고 안 먹고 살아요. 도시같이 파 사러 갈 시장도 없고… 그냥 대강대강 살았다고요."

며칠 전, 내 민감한 반응을 성가셔하는 남편에게 말했다. "왜 이런 나하고 결혼했어요. 결혼했으니 받아줘야지요."

그때 남편은 침묵. 그 일을 상기하고 그런지, 남편은 신중하게 — "내가 이런 것(반찬 투정?)도 받아주라고."

"알았어요, 알았어요. 명심할게요."

"수도원에서 30년 산 수도사보다 30년 산 부부가 영성靈性이 더 깊다." 삶, 일상은 영성의 고된 연단, 훈련장이다.

우리는 이미 친구인데요

 동생 아들이 미국에서 공부할 때, 아들 친구인 미국 학생이 동생 집에서 한 달 이상(?) 머물렀다. 그 미국 대학생이 영어 모르시는 유미 할머니와 가끔 산책한다. 내가 동생에게 묻는다. "어떻게 영어도 모르는 유미 할머니와 그 미국 학생이 같이 산책한다냐?" "몰라, 둘이 산책 잘 다녀…" '아아 유미 할머니와 미국 청년도 마음, 느낌, 몸으로 대화가 되는구나. 보디랭귀지(육체언어)…'

 이번에 일본 손님 오셨을 때, 목사님 통역으로 얘기하니 불편해, 곤노 사모님께 '당신과 친구 되게 일본어 배워야겠다.'고 하니, 그분 말씀이 "우리는 이미 친구인데요."

 내가 당황하리만큼 부끄러웠다. 오래 전, 워커힐 호텔에서 국제펜클럽 총회 있을 때. 영어에 서툰 한국 작가들은 외국 작가 어려워하는데, 황금찬(시인) 선생님은 우리말로 인사하면서 활기차게 돌아다니셨다. "내 나라에서 내 나라 말 쓰는 게 당연하지… 뭐가 부끄러워요?"

자작나무 숲 위로

평창 6촌 오빠 집에 한번 가고 싶었다. 그 6촌 형님이 내 독자이신데, 언제라도 오라는 말씀 듣고 더욱.

나는 오전 10시쯤 갔다, 오후 5시쯤 오는 열차표를 원했으나, 그 주일 내내 10시 표는 매진. 그래서 다음날, 오후 차로 갔다. 거기서 하룻밤 자고 이튿날 오기로 하고.

그날 갔다 그날 왔으면— 평창 6촌 오빠 집의 신비한 새벽 담쟁이넝쿨이며, 집 밑으로 울창한 자작나무 숲 위로 쏟아지던 찬란한 아침을 만날 수 있었겠는가?

평창에서 하룻밤 자고 난 새벽, 침대에서 눈을 뜨니, 맞은편 망사 커튼 너머로 보이는 푸른 담쟁이 언덕. 새벽빛 속 담쟁이넝쿨은 미의 절정, 오래오래 바라본다. 날이 새면서 그 신비가 조금씩 사라진다. 땅의 아름다움은 순간, 짧다—

곧 해가 떠오른다. 밖으로 나가니, 집 밑으로 펼쳐진 짙 푸른 자작나무 숲 위로 쏟아지는 아침 햇살. 찬란함, 찬란함!… 밤 보내고 새벽, 아침을 맞아야

그곳을 더 알 수가 있다.

오빠는 잘 있단다

 평창 육촌 오빠 집에서 돌아오는 길. 딸이 사준 선글라스 쓰고 운전하는 육촌 오빠는 외국 배우 같다.

 내가 평창에 간 이유 — 어렸을 때 본 그 오빠. 말수가 적으나 내면은 따뜻함과 정직, 어떤 외로움이 살고 있는 것 같아 가까이 하고 싶었으나 곁을 주지 않았다. 이번에 용기 내서 평창행 결심. 그는 넓은 텃밭가에 만들어놓은 골프 연습장에서 골프하고 전자소설 읽는 게 취미.

 그의 아내인 6촌 형님. 인물이나 지성, 부덕이나 믿음, 뭐 하나 빠진 게 없는 아내. 텃밭에다 오만가지 채소 심어 놓고 자급자족하면서 이웃과 나누고 남편 건강도 챙기는 아내. 평창역에서 헤어지면서 말한다. "오빠는 어머니 같은 아내 만나서 노후가 행복하셔요… 내가 가도 안심이어요."

 "전쟁에 나가려면 한 번 기도, 바다에 나가려면 두 번 기도, 결혼하려면 세 번 기도하라." 착하고 성실하게 산 육촌 오빠는 주님이 골라 주신 배필과 지금 평창에서 행복하시다.

살아 있는 동안이 청춘이다

못 보고 쌓아뒀던 신문의 월간지 광고란에서 이런 글귀가 번쩍 들어온다. "세계적 건축가 안도 다다오 인터뷰" 그 밑으로 이런 구절이 있다. "살아 있는 동안은 다 청춘… 100세 시대엔 지적知的 체력 길러야"

내가 많이 인용하는 성경 고린도후서 4장의 말씀과 비슷하다. "그러므로 우리가 낙심하지 아니하노니 우리의 겉사람은 낡아지나 우리의 속사람은 날로 새로워지도다"(고후 4:16)

일본 건축가 안도 다다오의 얘기는 이어진다.

"10대, 20대라서 청춘이 아니라 살아 있는 동안은 계속 청춘이라고 생각합니다. 여러분은 앞으로 100살까지 살 건데, 그러려면 지적知的 체력도 필요하고 신체적인 체력도 필요합니다. 그걸 유지하기 위해 항상 새로운 것을 찾아야 하죠."

항상 새로운 것을 찾으려면 어떻게? 간단하다.
'내 것을 늘 비워내야 — 늘 새것으로 채워진다.'

내 인생에 지루함 둘 자리가 없어

어떤 외국 영화에 나오는 이야기다.

외딴 섬에서 두 친구가 살았는데, 둘은 날마다 낮부터 펍(서양식 선술집)에 앉아 맥주를 마시며 수다 떠는 게 낙이다. 어느 날 갑자기 한 친구가 다른 친구를 피한다.

다른 친구가 집요하게 쫓아다니며 이유를 묻자, 한 친구가 마지못해 답한다. "그냥 이제 자네가 싫어졌어."

그는 친구의 의미 없는 수다에 질려버렸다.

"이제 (내)인생에 지루함을 둘 자리가 없어."

치매 안 걸리려면 수다도 필요하다는 노년이나, 이런 명대사 한번쯤 생각해 보는 건 어떨까?

지루함은 안정과 형통함에서 오는 것.

노년의 지루함을 수다, 음식, 운동에 다 써버리면— 노년 인생에도 지루함 둘 자리는 없다.

지적 체력, 영적 체력(?) 길러야 한다는, 내 생각이다.

내 영감의 수신탑

사무엘 울만의 「청춘」이란 시에 이런 대목이 있다.

"또한 너나없이 우리 마음속에는 영감의 수신탑이 있어 / 사람으로부터든 신神으로부터든 / 아름다움, 희망, 희열, 용기, 힘의 전파를 받는 한 / 당신은 청춘이다.
그러나 영감은 끊어지고 / 마음속에 싸늘한 냉소의 눈은 내리고, / 비탄의 얼음이 덮여올 때 / 스물의 한창 나이에도 늙어버리나 / 영감의 안테나를 더 높이 세우고 희망의 전파를 끊임없이 / 잡는 한 여든의 노인도 청춘으로 죽을 수 있다."

내 마음, 영감의 수신탑受信塔, 녹슬거나 무뎌지지 않게—
성경말씀대로 살고, 사람 만나는 떨림으로 지켜내야.

사람은 하나님이 부어주신 생령, 생기 지닌 작은 신.
나는 사람에게서 영감 얻는다.

강 선생의 매력 자본

잊을 수 없는 곳 순천, 내 '작가의 첫 사랑' 같은 곳이다.
연인은 세 사람. 그 중 한 분이신 강 선생이 어제 책(50집) 나왔다 하니, 답글 보냈다.

강 선생 : "멋져요. 시간 되는 대로 연락드리겠습니다."
기 일 혜 : "'멋져요' 그 한마디가 말 다 했습니다.
　　　　　따로 시간 내서 전화 안 하셔도 됩니다."
　　　　(그는 내 부탁대로 전화 안 함.)

언제나 말이 적은 강 선생. 순진한 것 같으면서도 속이 꽉 차 있는 강 선생. 언제 그의 집에 가서 예전처럼 그와 깊은 얘기 나누고 싶다.
이상하게도 절대(?) 미인이면서도 자신이 미인임을 의식 못하는, 그래서 내 친구가 되는… 당신은 엄청난 매력자본을 가진 여인입니다.

노인석 할머니의 커다란 손

어디 갔다가 집으로 돌아가는 지하철 안. 맞은편 노인석에 80 가까운 여자가 두 손을 무릎에 놓고 앉았는데 어찌나 크든지! 깜짝 놀라서 보고 또 본 그 커다란 손.

갈퀴보다 더 억센 '쇠스랑 같은 갈퀴손' 몸은 왜소한데, 험한 일 많이 해서 저렇게 손만 억세게 커져 버렸을까?

손이 큰 그 늙은 여자는 의외로 단정하고 진지하다.

어디서 거룩한 일 하다가 온 표정. 노동은 신성하니까.

어디서 손 많이 쓰는 험한 일 많이 하다 오셨나? 그의 표정은 볼수록 진지함 넘어 경건스럽다. 그 커다란 손, 앞에서 초라해진 내 손을 본다. 펜으로 글 많이 쓰고, 집안일 많이 해서, 거칠고 울퉁불퉁하나 맞은편 늙은 할머니의 커다란 쇠스랑 같은 손에 비하면 작고 약하다.

정선에서 곤드레 한 박스 보내서 다듬는다.

두 손의 엄지, 검지가 곤드레 물들어 흑갈색. 시커멓게 곤드레 진액 묻은 손. 삶의 흔적 묻은 내 손,

지우지도 부끄러워하지도 않는다. 자랑스럽다.

S치과에 가는 날

 치과, 정기검진 안 받고 1년 이상 지났다.
 한번 미루니, 점점 가기가 싫어진다. 그러나 몇 군데 이가 안 좋아서 부랴부랴 갔다. S치과 가기 부끄러워서 '티안 엄마(질녀, 치과 의사)한테 가 버릴까?' 사돈(며느리 동생)이 원장님인 S치과라 더 부끄럽다. 무식하게 정기검진 안 받고, 이렇게 나빠져서 왔다고 얼마나 한심하다 할까?… 그날 치료 받을 때 원장님에게 내가 이런 속엣말도 다 털어놓자,
 "전에 한두 번 빠지셨는데요 뭐." 너그럽게 받아주신다.

 조각 떨어져나간 이에 '크라운' 씌우기. 보자기로 얼굴 덮고 크라운 씌울 준비 작업 중, 잠깐 벗긴다. 번뜩이는 사물들이 산란스럽다. 보자기 쓰고 있을 때가 더 편안.
 "탄생보다 죽음이 더 큰 축복" 실감이 나는 순간이다.

 오래 기다린 남편이 마취 덜 깨서 어지러운 나 데리고 집으로 — 남편 먼저 보내신 내 친구는 예수님 손잡고 가시고.

3부

나는 아내의 노예입니다

몰라서 죄송합니다

30년 만에 아치실(장성) 질녀를 다시 만났다. 그가 미장원에서 내 책을 보고 전화해서 만나게 됐다. 오늘은 그와 두 번째 만남으로 그들 부부랑 그의 수지 집에서 만난다.

나는 질녀의 친정어머니 된 심정으로 가려니, 긴장했는지 아침 먹은 걸 다 토하자, 남편은 내게 외출 금지령.

그러나 '질녀 남편이 마중 나오는데…'

어질한 몸으로 출발. 논현역에서 환승한 신분당선, 자율운행이라 속도가 빠른지 서 있으니 어지럽다. 자리가 하나 비어 얼른 가니, 근처 남자(60대?)가 앉으려 해서 "제가 몸이 좀 안 좋아서…" 그는 상냥하게 "…몰라서 죄송합니다."

자리에 앉아서 감격한 나. 내가 몸이 안 좋다는 걸 그가 모르는 게 당연한데, '몰라서 죄송하다니…'

그 감동 — 내 책 꺼내서 속지에 쓴다. "몰라서 죄송합니다, 이런 겸손의 말씀을 하시다니, 오늘 몸이 안 좋았는데 배려해 주셔서 감사합니다. 저자 기일혜 드림(2023. 7. 1)"

나는 아내의 노예입니다

어지러운 몸 추슬러 조심스럽게 신분당선 성복역에 도착하니 11시 15분. 약속 시간은 12시. 도중에 몸이 안 좋으면 내렸다가 다시 타려고 일찍 출발. 다행히 별일 없이 도착하니 이른 시각이다. 개찰구 앞 긴 나무의자에 앉아서 질녀(78세)를 기다린다. 11시 30분쯤 어떤 여인이 개찰구 앞에서 누구를 기다린다. 그를 눈여겨봤으나 못 알아보고. '질녀가 이렇게 일찍 마중 나올 리 없어' 속단하고 기다리는데, 12시 10분 전 질녀 전화. 아까 30분부터 와서 기다린 이가 질녀다.

"그 먼 데서 오시는데 일찍 오실 수도 있지요. 그래서 일찍 나왔어요." 질녀 남편(83세)도 일찍 나와서 승용차를 몇 번이나 이동시키면서 기다렸다. 예의 바른 부부다.

그리고 집으로 돌아온 질녀서(질녀 남편)는 점심 준비하는 아내를 향해서도 활달하게 "나는 아내의 노예입니다."

남편은 가족의 노예라지만, 아내의 노예라고 즐겁게 노래하듯 말하는 한국 남편. 그런 남편이 가장인 집안에 무슨 큰 불화가 있으리오.

집이 살아 있네

 수지에 있는, 아치실 질녀네 집 거실에 앉자마자 내가 하는 말. "…집이 살아 있네…" 나도 모르게, 전혀 의식 없이 튀어나오는 말. "…집이 살아 있네…"

 질녀 남편은 아내를 보면서, 경쾌하게 자신 있는 목소리로 내게 자랑스럽게 말한다. "나는 날마다 '이게 웬 떡!' 하면서 삽니다." 얼굴 표정도 '웬 떡!' 하는 기쁨으로 싱글벙글.
 이렇게 아내에 대한 자기 감정, 당당하게 표현하는 남편 얼굴은 행복으로 윤이 흐르고… 83세지만 청년 목소리다. 질녀도 30여 년 전, 만났던 그때 그대로— 밝고 총명하고 믿음 좋고, 음식 잘 하는 아내. 이런 아내라면 어떤 남편이라도 평생 "…웬 떡!" 하면서 살겠다.
 남편은 새벽마다 30분 걸어서 교회 새벽기도회 가시고. 그래서 내가 그 댁 거실에 앉자마자, '집이 살아 있네.' 그 '가정이 영적으로 육적으로 살아 있다'는 말.

아치실 질녀

장성 '아치실'이 고향인 질녀 기○희. 그의 증조할아버지 (의병대장 기삼연)가 일제강점기 때, 의병 일으켜 고창 영광 부안 정읍 나주, 전남 서부 북부 지역에서 활약하며 일본군에게 막대한 피해 주고 싸우다, 광주 천변에서 효수당하셨다. 장성공원에는 그를 기리는 순국비가 있다.

질녀는 작가 '일혜 아짐'을 알고, 내 책 전부 구입해서 읽고 독후감을 보냈다. 젊은 날, 그의 직장이 명동에 있을 때, 수지 집에서 오가면서 꼭 책을 읽었다는 그가 보낸 글 한 부분. "…이렇게 좋은 인생 선배를 좀 일찍 알았더라면 좋았을 것을, 이제야 만나게 된 것이 아쉽네요!… 1집『내가 졸고 있을 때』, 2집『가난을 만들고 있을 때』, 6집『며느리는 200년 손님』세 권을 단숨에 읽었습니다. 소설 속에서나 있을 법한 일들을 날마다 현실 속에서 치열하게 실행하고 살아오신 삶의 궤적을 보는 듯 느껴지네요…"

도토리묵 만드는 솜씨도 신기神技에 가까운 아치실 질녀! 기奇씨 가문에 이런 딸이 있다니, 자랑스럽다.

잘 웃는 오행자 님

전남 무안군 운남면 어느 교회, 강사로 여러 번, 수없이 갔다. 그 교회 목사님 초청으로. 봉초질부가 새 집 짓기 전엔 오행자 님 댁이 강사 숙소. 그는(82세) 뭐가 그리 즐거운지 항상 밝게 웃고 다닌다. 꽃을 좋아해서 안방 남쪽 유리문 가엔 화분 꽃들이 만발. 며칠 전 그 방 안, 앞마당 꽃들 사진을 보냈다. 반가워서 전화하니, 꽃 보낸 과정을 설명한다.

"내가 잘못 찍어서 목사님한테 부탁했어라우… 강사님(기일혜)이 언제나 꽃들 잘 있냐고 물어서."

"그렇다고 목사님한테 부탁까지 해서…"

"…앞마당 꽃들은 둘째 사위가 심어줬어라우."

얼마나 정답고 실감나는 구수한 사투리, 살아 있는 정겨운 말투인가. 그의 안방에는 학사모 쓴 3남 2녀의 대학 졸업 사진이 죽 걸려 있다. 혼자 허리가 꼬부라지게 일해서 가르친 자녀들. "웃으면 복이 와요." 늘 함박꽃 같은 그의 웃음이 집안, 동네, 교회를 지금도 환하게 밝히고 있다.

이 독자를 위해서라도

5월 1일, 순천 독자에게서 이런 글 받았다.

"샬롬! 기립성 저혈압과 이석증(어지럼증)으로 한 달 이상을 누워 있는 저에게 작은아들이 선생님께 감사하대요. '울 엄마를 사랑해 주시고 잊지 않고 책 보내주시기 쉽지 않은데, 잊지 않고 보내주셔서 우리 엄마 얼굴에 생기를 불어 넣어 준대요.' 또 선생님은 건강하시냐며… 집에 놀러 오시래요."

(추신: 저도 60대 중반이네요. 마음은 30대.)

마음이 가만있을 수 없어서 내가 즉시 답글 보낸다.

"그러셔요? 한 달 이상이나 누워 있다니요!… 곧 일어나실 겁니다. 작은아드님 고마워요. '집에 놀러 오시라니' 더욱 ─ 엄마께 계속 책 보내드릴게요."

내가 만나본 여인 중에서 가장 순결한, '박 속 같고, 흰 구름 같은 여인' 속히 일어나십시오.

고통은 지나가고 아름다움만 남는다

 치과에 다녀온 다음 날. 코로나로 몇 번이나 못 챙긴 며느리 생일이다. 전엔 그가 좋아한다는 금어초 한 다발 들고 갔기에, 이번에도 터미널 꽃가게에서 금어초 사들고 가려 했는데, 어제 치과에 다녀온 뒤, 몸이 아직도 어지러워 약속을 취소할까 하다 떠오르는 생각.
 꼭 금어초만 선물일까? 집에 있는 기명색(연한 주홍색) 싸리꽃 같은 화분이 있다. 주먹만한 분에 심긴 꽃(이름 모름)이지만, 내가 사랑한 꽃이라 더 의미가 있다.

 얼마 뒤, 며느리 아파트 승강기 내, 화면에 뜨는 문구.
 "고통은 지나간다. 아름다움만 남는다." 화가 르누아르의 말. 오늘 여기 오면서 힘든 나를 위로하는가… 르누아르는 류머티즘, 극심한 고통에서도 그는 매일 그림을 그렸다.

 그림이 여전히 따뜻하고 화사한 이유를 묻자,
 "인생의 고통은 지나가지만 아름다움은 영원히 남는다."

그들의 천국 곳간에 쌓여 있을 것

 며칠 전 동생이 준 물질이 고마워서, 이런 말을 해줬다. 그런 말은 메마른 문자로 옮기기 싫어서, 생생한 내 마음 묻은 말로 했다. 내 말로! "네가 천국 가보면 언니에게 준 네 사랑이 곳간 하나에 따로 있을 거다. 그 속엔 그동안 내게 준 사랑이 낱낱이 가득 쌓여 있을 거다."

 세 동생, 다 똑같은 크기의 곳간에 내게 준 사랑이 가득 쌓여 있을 것. 이런 내 얘기 듣고, 남편이 이견 제기.

 "그렇게 말로만 하면 되나? 지금 고맙다는 표시를, 눈에 보이게 해야지."

 "예? 뭐라고요?… 눈에 보이게 해야 한다고?

 어떻게 다 그걸 눈에 보이게 갚아요?…"

 동생들에게 내가 세상 것으로 다 갚았다면 그들의 천국 곳간에 뭐가 쌓여 있겠는가. 그들이 형제애보다 더한 예수님 사랑으로 내게 준 건, 예수님께 보낸 예물. 천국 곳간에 그대로 쌓여 있을 것. 동생들뿐 아니라, 내가 예수님 이름으로 받기만 하고 못 갚은 친구나 이웃들의 사랑도.

당신 집 안에서 풀내음이 나네요

 아아 다정한 내 친구. 몇 년 만에 벼르고 별러 만나서, 그 친구 집으로 갔다. 아아 편안한 그 집.
 그 집 현관에 들어서자마자 그윽하게 풀냄새가 난다.
 "아아 어디서 풀냄새가 나네…"

 거실에 높이 매달아놓은 화분에서 뻗어나간 스킨다비스 줄기가 몇 겹으로 되감겨서 거실 높이 초록 길을 내고 있다. 한 10년 키웠을까?… 이 무수한 초록 잎들에서 내뿜는 풀 향기가, 현관문 열자마자 나를 그윽하게 한다. 거실에서도 베란다에서도 꽃들이 자라는 아름다운 백(행숙) 선생 댁.
 쾌적한 거실에서 커피 마시는데, 내가 좋아하는 커피다. '아아 친구도 이 커피를 좋아하는구나.' 이것도 좋아 — 쾌적한 거실에서 친구 얘기 많이 들으면서 나는 아아, 감탄만… 아아 아름다운 친구여, 그대는 나를 그지없이 편안하게만 하네. 말없는 꽃처럼 구름처럼, 고향의 시냇물처럼.

늘 여전하셔서 고맙습니다

사람이 여전하기란 무척 어려운가 보다. 미국에 가서 집회할 때, 사람들이 내게 주신 조언은, "변하지 마세요. 여기 온 강사님들 처음엔 다 은혜로운데, 그 뒤 보면 많이 변하더라고요."

순천 이 선생이 보내주신 글이다. "유치하고 자유분방하며 소박하신 기일혜 작가님~ 나이 듦을 핑계 삼아 자칫 나태해질 수도 있는 제 삶을 순간, 순간 바르게 살리고 교정해주는 작가님의 글을 귀하게 읽으며 오늘도 살아납니다.
더 깊고 풍성해진 50집. 늘 여전하셔서 고맙습니다… 저희 집 어제 이사하는데, '장롱이랑 가구 버리지 않고 이사하는 사람' 첨 보셨다는 이삿짐센터 직원의 꾸지람 아닌 꾸지람을 들었습니다. 그래도 전 좋습니다. 기일혜 작가님의 독자인 것을, 조금이나마 실천했다는 자부심으로 오늘도 살아내고 있습니다. 평안하시길 기원 드립니다."
순천 이 선생은 지구에서 가장 쓰레기 적게 만드는 사람 중 한 분. 그는 하나님의 자원을 소중히 여기는 여인이다.

숲속의 작가 사무실

친구의 주말 농장, 하늘 농원에 고추 모종 심는다고 해서 따라갔다. 나는 밭가에 나풀거리는 망초대나 꺾는데, 출판사에서 전화. LA에서 시詩로 선교하는 시인(여)이 나와 연락하고 싶다, 한국 지인 통해 알려왔다고… 난 밭 언덕 돌멩이 위에 쪼그리고 앉아 그 시인의 지인과 통화하는데, 친구가 밭 밑에서 의자를 들고 우거진 나무 밑으로 오더니, 벽돌 가져다 흙으로 돋우어 의자를 고정시키고 앉으란다. "여기가 작가 사무실이어요." "…숲속에, 작가 사무실이라고요?"

즉석에서 만든 편안한 의자에 앉아, 산 공기 마시면서 전화 받고. 콩 심을 밭 삽질하는 친구를 보면서 흙냄새 맡는다. 흙으로 만든 사람 몸은 흙냄새 맡으면 춤을 춘다. 삽질 낫질은 물론 채소도 잘 키우는 친구. 한국 반도체 산업은 제조업 부분이 뒤떨어졌다고 하나, 우린 손재주 있는 민족, 개발 훈련 안 해서 그렇지. 영육간에 실력 있으신 내 친구.
그 실력, 하나님은 지금 귀하게 쓰고 계신다.

저는 축제같이 살고 싶어요

어느 동화 작가 한 분(중년 여성)과 만나서 대화한다.
대화 중에 그가 한 말씀이 오래, 아주 오래 남는다.
"선생님 저는 인생을 축제처럼 즐겁게 살고 싶어요."

축제라는 말은 흔히 잔치라는 말로만 통하는데, 축제는 축하와 제사를 통틀어 이르는 경건한 뜻이 있다고 한다.
오늘 하루도 내 삶이 축제처럼 살려면 오늘의 작은 일상, 사소하고 하찮은 삶도 하나님께 예배(제사)하듯이 감사하면서 살면 되지 않을까? 일상이 예배라는 말이 있듯이(로마서 12:1~2).

나는 기다리고 있다. 그 동화 작가 축제에 언제라도 갈 준비해 놓고, 그가 부르기만을… 나는 그 동화 작가뿐 아니라, 어느 누가 부르는 '축제'에도 갈 준비가 되어 있다.
내가 사람 만나러 갈 때―차오르는 이 설렘, 이 떨림이 어느 축제에도 들고 갈 내 예물이다.

젊게 보이고 싶어서

초봄도 같고 늦겨울도 같아, 옷 입기도 애매한 계절의 한 날 오전. 남편이 외출하는데 검은색 점퍼에 검은 야구 모자 비슷한 걸 쓰고 나간다. 따라 나가면서 그 옷차림을 다시 보니, 이 검은색들이 남편 인상까지 어둡게 한다.

검은색 옷을 노인들이 잘못 입으면 그 얼굴이 어둡고 무서워 보일 때가 있다. 그렇게 생각한 아내이기에, 그날 남편 검은색 차림을 보고— 한마디 안 할 수가 없다.

"검은색 점퍼에 검은 모자가 어두워 보이는데, 왜 그렇게 입었어요?" "젊어 보이려고."

"어머나 젊어 보이려고요? 아, 젊어 보이려는 그 마음이 좋아요. 마음이 젊다는 증거지요. 하나님도 '네 입술이 정직을 말하면 내 속이 유쾌하다'(잠언 23:16) 하셨어요.

당신이 솔직하니 나도 유쾌하네요. 당신의 솔직(정직)은 검은 옷차림도 안 무섭게 해요. 좋아요. 그대로 가셔요."

나는 커피 안 마셔요

어느 봄날 오전 10시, 친구와 내가 우리 아파트 벤치에 앉았다. 위로 보이는 소나무 잔가지 하나가 죽어 있다. 친구가 말한다. "소나무가 저렇게 죽어갑니다… 어디 재선충 연구하는 데 있다면 기금이라도 내고 싶어요. 죽어가는 소나무 보면 너무 가슴이 아파요." "요새는 겨울에도 눈이 많이 안 와서, 겨울에 눈이 많이 와야 녹아서 겨울 소나무에게 필요한 수분을 제공한다는데, 요즘 겨울엔 눈이 안 오니까 수분 부족해서 재선충 같은 질병도 생긴다고 하대요."

얘기가 길어지자, 내가 "커피숍에라도?…" "커피 안 마셔요." 그는 파마도 2만 원짜리, 스마트폰도 중국제 저렴한 것. 그렇게 검약하는 친구가 재선충 연구 기금 내겠다니.
 그는 가면서 책 내는 데 보태라고 봉투 주고 가는데, 거액. '주님이 왜 이런 거액을 주실까?…'
 지금 당장 이 돈이 없어 숨넘어가는 누가 있을 것— 생각나는 친구가 있어 즉시 찾아가, 그 거액 다 드리고 왔다.

아버지 돈 줘요, 돈 줘요

한 친구가 책 내는 데 보태라고, '조금'이라고 하면서 거액을 주고 가셨다. 그걸 들고 그날로 곧 한 친구 집으로. 앉자마자 묻는다. "당신, 요새 급박하게 돈 필요하세요?" 그는 아니라고 대답. 한참 뒤, 내가 다시 묻는다.

"…당신이 요새 돈이 꼭 필요한 것 같아서 왔는데요."

그는 망설이면서 말한다. "아까는 갑자기 생각이 안 났어요… 돈이 꼭 필요했어요. 전에는 '그 나라와 의를 구하면 이에 모든 것을 주신다(마태복음 6:33)'고 해서 물질 주시라는 기도 안 했는데, 이번엔 얼마나 급했는지 이런 기도가 — '아버지(하나님) 돈 줘요! 아버지 돈 줘요!'

그런 기도를 오래 할 수가 없어서 그 뒤로는 안 했어요."

친구가 준 거액, 그에게 다 드리고 일어섰다.

'아버지 돈 줘요! 돈 줘요!…' 하나님은 그의 기도 들으시고 그에게 생존에 꼭 필요한 돈을 주셨다. 나는 그날 하나님 심부름꾼 노릇만 하고.

이삿짐 다 쌌는가?

 2023년, 새봄을 맞아 거실과 내 방안을 새롭게 변화 — 설레게 하려고 가구들 위치를 바꾼다. 오늘 새벽부터 나는 살금살금 진행했다. 내 계획이 너무 가슴 설레, 아침까지 내 방에서 기다릴 수가 없었다. 그런데, 이게 보통 어려운 게 아니다. 내 방에서 긴 나무의자 빼내려면 방문을 활짝 열어야 하기에, 옆에 있는 소파를 당기고 의자도 빼고.

 위아래 집보다도 안방의 남편에게 들리지 않도록 포대기 깔고 조심조심 옮겨 대강 배치하고 난 아침. 성공적으로 조용히 마친 흐뭇한 마음으로 아침 준비하는데, 남편이 나와서 내게 다가와 조용히 묻는다. "이삿짐 다 쌌는가?"
 내가 고양이 걸음으로 옮겼어도 남편은 다 듣고 있었구나… 그때 일어나서, "새벽부터 가구 옮기고 무슨 짓이야?" 않고 — 아침 돼서야 조용히 "이삿짐 다 쌌는가?"

 남편은 주님 같은 마음으로 철부지 아내를 내려다보고 있다. 남편은 하나님의 권위로 세운 아내의 머리다. (에베소서 5:23)

내가 진흙탕 속에서 허우적거릴 때

 그날이 스승의 날이던가? 그날 아침에 갑자기 문자에 실려 온 어느 독자의 절실한 글. "선생님 제가 진흙탕 속에서 허우적거릴 때, 손잡아주시고 무너진 자존감을 회복시켜주신 귀한 사랑. 이 아침엔 더 잔잔하게 다가오네요. 선생님 감사드려요. 강건하시기를 두 손 모아봅니다."
 "무슨 말씀을!⋯ 당신이 지금, 진주보다 더한 보배 되심은, 그 진흙탕 때문. 당신을 정금같이 만드심은, 하나님이 귀하게 쓰시기 위해서." "⋯무한 감사합니다, 선생님."
 "오히려 제가 감사하지요. 이런 생명의 진액 같은 말, 어디, 누구에게서 들어요?"

 욥기 말씀. 그러나 "내가 가는 길을 그가 아시나니 그가 나를 단련하신 후에는 내가 순금같이 되어 나오리라"(욥기 23:10) 그는 진흙탕 속에서 오랜 단련 과정 거친 후, 정금같이 되어 — 하나님께 영광, 사람에게 기쁨 드리고 있다.
 "고난당한 것이 내게 유익이라"
 그래도 고난은 너무 아파요.

주부의 자존심

 남편이, 내가 외출하면서 준비해놓고 간 점심은 안 들고 — 라면 끓이려고 냉장고에서 마늘통 찾으니 없다. 라면에 마늘 꼭 넣는 남편은 불만. 오후 늦게 귀가한 아내에게 말한다.
 "마늘을 찾을 수가 있어야지, 냉장고에 뭐가 그리 많지… 다 버리지." "아까워서 못 버리고… 내가 가난하게 살아서 그래요. 지금도 가난 만들고 있고…"

 이튿날 새벽같이, 이른 아침부터 냉장고 정리. 아낌없이 버리고. 늦게야 거실에 나온 남편에게 내가 하는 말.
 "주부 자존심(?) 때문에 일찍부터 냉장고 다 정리했어요."
 남편은 내 말 들은 듯 만 듯. '주부의 자존심…' 냉장고에 뭐가 그리 많이 있느냐? 무심코 한 말인데, 아내 기분이 상했나? 생각 많은 남편은 계속 생각 중 — 냉장고는 주부의 자존심? 누가 와서 냉장고 문, 확 확 열어보면 주부는 자존심 상한다고 한다. 나도 그런가?… 별것도 아닌 일에 생명의 어머니인 주부가 자존심 상하고, 하면 되나?
 어머니인 주부의 진정한 자존심은 너그러움, 사랑이다.

이건 무슨 눈물일까?

 친구가 자기 안 입는 좋은 옷 몇 벌 주면서, 자기 동생이 준 고급 옷들도 주었다. 친구 옷은 입을 수 있는데, 친구 동생이 줬다는 옷은 내게 안 맞아 헌 옷 함에 다 넣었다. 헌 옷 버리는 함이 지하 2층 주차장에 있어, 무서워(?) 남편에게 부탁. 남편은 그 고급 옷들을 버리고 와서 말한다. "입을 만한 옷이던데, 아까워서 눈을 딱 감고 버렸네." "예!?…"

 '눈을 딱 감고 버렸네.' 나는 더 묻지 못하고 조용히 침묵. 남편의 어머니가 되어 눈물이 번진다. 가난한 살림에 자식 옷 맘대로 못 사 입힌 어머니 마음 되어 눈물을 머금는다고 할까? 내가 더욱 슬픈 건, 난 가난해도 창조주 하나님 딸로 당당하게 살면서, 고급 옷도 헌 옷 함에 넣으면, 필요한 누가 잘 입으리란 생각으로 편안한데 — 남편은 가난 만드는 아내 생존 책임진 가장으로서 절약과 검소가 몸에 배서… 그의 그런 마음이 가엾어, 내가 머금는 눈물.
 아내는 남편의 어머니. 하나님이 말씀하셨다. (창세기 3:20)

연두색 운동화 신은 청년

5년 만에 간 출판사. 새로 출판하는 내 책에 대해 의논하는 자리다. 회장님 기도 끝나고 한 남자 직원이 사무실 지킨다고 3층으로 올라가는데, 그가 신은 운동화 앞부분이 연두색. 순간 그 색이 확 살아서 새봄처럼 내게 들어온다.

나는 곧 허리를 구부리고 몇 발짝이나, 연두색에 팔려 그를 뒤따라가면서 묻는다. "운동화 색이 예뻐요. 이런 운동화가 다 있어요?"

젊은 직원은 아무런 말 않은 것 같다. 내가 흥분해서 못 들었는지… 그런 나를 출판사 직원들이 얼마나 웃었겠는가. 대여섯 살 아이가 친구 예쁜 운동화 신고 나오니까 홀려서 졸졸 따라가는 것처럼. 그 운동화 연두색, 고향 들판 풀 색깔처럼 맑고 깨끗했다. 세상엔 맑고 깨끗한 게 드물어, 색이라도 그런 것 보고 내가 홀렸나… 나중에 동네 시인에게 그 얘길 하니, "아이 선생님도 참…"

내가 너무 했다는 말인가?… 서글프게도 그게, 지극히 정상적인 내 모습이다.

사랑을 할 때만 피는 꽃

친구 집에서 한 TV 방송국 트로트 경연 재방송을 본다.

한 참가자가 〈백만송이 장미〉를 부른다. "… 내가 세상에 나올 때 사랑을 주고 오라는 / 작은 음성 하나 들었지 / 사랑을 할 때만 피는 꽃 / 백만송이 피워 오라는 / 진실한 사랑할 때만 / 피어나는 사랑의 장미…"

내가 친구에게 말한다. "하나님도 우릴 세상에 보내실 때 사람을 사랑하고 오라고 하셨지요?"

"…작가님은 꽃(사랑)을 많이 피우고 다니셨네요?"

"당신은 더 많이 피우고 사셨지요."

나는 집으로 돌아오면서 지갑에 있는 돈 2만 5천 원, 넉넉하지 못한 그의 식탁 옆 조그만 서랍에 넣는다. 내게 있는 모든 것을 드리는 마음으로. 너무 적어, 부끄러워서 말도 못하고… 내 가난하고 못난 사랑. 가만히 드리고 온 그 자리에, 장미 한 송이는 피어나는가.

당신 결혼식에 내가 축시祝詩를?

스마트폰에 낯선 전화번호가 뜬다. "누구십니까?"
"오래 전에, 선생님이 제 결혼식에서 축시를 읽어주셨는데… 저, 여기 사당동 살아요."
다음날 집 앞에서 그를 만나는데, 그의 언니도 오셨다.

찻집에서 얘기 들으니, 그의 언니 결혼식 때도 내가 축시 읽었다고 한다. 내가 자원해서. '자원해서'라는 말에, 몹시 부끄러워지면서 그리 된 자초지종을 듣는다.
듣고 보니, 같은 교인이던 그의 어머님이 그 무렵 돌아가셔서, 내가 어머니 된 심정으로 자원했던 것 같다.
34년 전 내가 읽은 축시, CD로 만들어 주겠다는 걸 사양한다. 부족한 내가 뭐라고 축시를 읽고 — 34년 전 내 언행이 CD로 다시 펼쳐진다는 걸 부끄러워서 나는 볼 수가 없다. 허나 34년 전 삶뿐인가.
죽어 하나님 앞에 서면 내 전 생애가 CD 보듯 다 펼쳐진다는데.

내 입이 갑자기 왜 이렇게 쓰지?

 어느 TV 방송국 트로트 경연대회 결선 진출자 뽑는 날인데, 남편과 같이 시청한다. 내가 괜찮다고 생각한 한 경연자가 실수해서 떨어진다. 어떡하지? 그는 자녀도 있고 경연에 참여하려고 직장도 그만 둔 사람이라는데.

 얼마 뒤, 내가 혼잣말한다. "내 입이 왜 이렇게 갑자기 쓰지? 이상하네… 아아아 그 사람이 떨어져서, 충격으로 이렇게 쓰구나. 그렇다고 금방 내 입이 이렇게 쓰디쓰지? 참 이상도 하다, 내 생명."
 내 혼잣말을 들은 남편이 불쑥 참견한다. "별일이 다 있네. 당신이 그 사람 떨어진 걸 왜 걱정하느냐고?"

 "나는 그 사람만이 아니어요. 누구라도 그가 약하고 잘못되고 불쌍해지면 다 걱정해져요. 나는 이 세상 모든 사람의 어머니이니까. 그리고 작가니까, 그 걱정이 더 심각하지요."

마들렌 캔디와 동네 시인

어느 날, 마들렌 캔디 한 상자 들고 며느리가 왔다.

곧 가겠다는 며느리 앞혀서, 커피에 마들렌을 든다.

"이 마들렌은 프루스트의 「잃어버린 시간을 찾아서」에 나오는 과자다."

"그래요 어머니." "그런데 아주 촉촉하고 부드럽고 맛이 순하고 자연스럽다." "이거, 저도 처음 먹어봐요. 대전에 갔다가, ○○제과점 거예요."

"어머나 너도 처음 먹어본다고?" "다른 건 먹어봤어요. 딱딱하고 이렇게 부드럽지 않아요."

"너도 안 먹어본 걸 가지고 왔구나. 어떡하지…"

곧 며느리는 가고… 나는 그 마들렌 들고, 동네 시인 친구 집으로 간다. 마들렌, 같이 들 친구가 없다면 —

이 고급 캔디가 내게 무슨 소용 있으리오.

나와 냉커피 마시면서, "혼자 마시면 이 맛이 안 나요."

내겐 그런 친구도 있다.

오래 가는 기쁨과 평안

동네 친구에게 들렀더니, 그는 병원에 간다고 한다.
"어제는 택시 못 잡아서 양말 발로 걸었어요(엄지발톱 빼서). 신을 신을 수가 없어서 들고. 사람들이 쳐다보더라고요."

내가 그를 부축해서 버스 태워드리고 오면서, 몇 년 전 코로나가 극성일 때, 한 친구가 넘어져 병원 동행하던 일이 생각난다. 86세 된 친구는 병원 데리고 갈 사람이 없어 내게 부탁. 결핵도 심하게 앓은 나, 망설여져서 오빠에게 물으니,
"이 코로나에 안 가는 게 좋겠다."

'이 경우 예수님이라면?' 곧 답이 나온다. 친구 모시고 병원에 갔다. 그를 부축해서 택시 부르고 진료받고… 힘들었지만, 지금 생각해도 기쁘다.
이런 기쁨이야말로 오래 가는 기쁨이다. 예수님 말씀대로 사는 게 오래 가는 기쁨이요, 평안.
이상하게도 나, 내 가족 위해 사는 기쁨은 잠깐이다.

주 안에서 어머니가 보낸다

며느리 생일인데, 그가 바빠서 밖에서 만난다. 남편이 흰 봉투를 주는데 보니, "축 생일" '축 생일이 뭐야.' 남자들은 의외로 단순한 데가 있어, 내가 덧붙인다.

"'축 생일'(아버지가 쓰신) 너무 딱딱해서 내가 보탠다.

네가 태어나 잘 자라서, 우리 집 식구가 된 걸 감사한다. 너를 만나러 가는데, 설레는 이 마음도 감사하고. 너를 만나 대화할 수 있다는 것 — 더욱 감사. 요즘 너를 보니, 참 활기차게 살고 있구나. 그 활기, 네 사랑하는 제자들에게도 나눠줘라… 주님 안에서 어머니가 보낸다."

약속 장소에서 며느리 만나자마자 말한다.
"오늘은 위대한 날이다." "왜요?"
"네가 태어난 날이니까."
생일인 오늘만 아니고 며느리 하루하루가 다 위대하기를. 며느리만이 아니다. 누구나 이웃을 사랑하는 맘으로 살면 그날, 그날이 다 위대함 너머 거룩한 날이다.

날마다 즐겁고 재밌게 살세

두 동생이 집에 왔다. 등산 마치고 사당동 쪽 식당에서 점심 먹고, 내가 맘에 걸려 들렀단다.

"그 집처럼 코다리찜 맛있게 하는 집 없어." 맛있다는 코다리찜 내게도 먹이고 싶어서, 그걸 사들고. 얼굴 안 가꾸는 언니에게 영양크림 하나 들고. 나 같으면 무심한 언니에게 이렇게 잘 할 수 있을까?… 나는 형제우애보다 작가의 삶을 우선하면서 산다. 마음 모아야만 되는 글 쓰는 일.

저녁에 동생에게 고맙다는 마음, 글로 보낸다.

"비싼 코다리찜이랑 화장품이랑, 날 깜짝깜짝 놀라게 하는구나…" 동생이 보낸 답문이다.

"ㅎㅎ그랬어? 날마다 재밌고 즐겁게 살세."

어느 교회 표어가 생각난다. "지적과 원망 대신에, 칭찬과 감사로 하나님의 만복을 향유합시다." 그 표어처럼 즐겁게 (주 안에서) 살자는 동생의 소박한 말, 소박해서 더 남는다.

4부

중환자실에서 나를 찾는 독자

5월의 덕촌리

친구와 같이 경의중앙선(전철) 용문역에 내리니, 심 선생이 마중 나왔다. 10년도 넘게 안 보다 본 얼굴인데 전에 보던 느낌, 인상과 별로 다르지 않다. 그래도 그 순간 나를 강력하게 끌어간 건 그의 능소화 빛 블라우스.

흰 바탕에 크고 작은 네모 무늬의 능소화 빛, 순간적으로 내 시선을 잡아가면서 나를 확 피어나게 한다. 위대한 색채다. 화가는 색의 신비 추구하며 평생을 바치고, 소설가는 사람 마음, 영혼의 아름다움 찾아 일생을 헤매나?

말씀 적고 점잖은 송 선생님(화가:심 선생 남편)은 우리 일행과 허영자 님 싣고 식당으로.

허영자(독자:81세) 님은, "우리 집에서 간단하게 점심이라도 대접하려고 했는데…" 그 댁도 가고 싶은 나,

"저녁은 댁에서 들지요."

옛날, 시집온 새댁은 대소가에서 돌아가면서 식사 초대했다. 나와 친구는 새댁이 대소가 돌아다니며 식사 대접받듯, 그 댁에서 저녁 대접받으면서 행복했다.

마가렛 같은 여인아

덕촌리 마을에서 내 눈에 가장 많이 들어오는 꽃은 마가 렛. 여기도 저기도 5월의 푸른 산을 배경으로 피어 있는 청순한 마가렛! 동행한 친구가 허영자 님을 보고, "저 분은 마가렛 같아요." 순수하고 조용하면서도 진선미眞善美에 대한 숨은 열정으로 은은하게 향기 나는 허영자 님.

심 선생 집을 떠나 허영자 님 댁에 가서, 거실 가족사진 보니, 젊은 허영자 님은 더 청초한 마가렛. 그는 먼 데 교회 다녔는데 심 선생 권유로 덕촌리 교회로 오셨다.

그 댁 저녁 식탁에 오른 열무김치! 난 상추쌈부터 먹다, 나중에야 그 맛 알고 비벼 먹었다. 손님으로 가선 안 비벼 먹는다는데, 열무김치가 맛있어 세 번이나 비벼 먹고.

나는 서울로 갈 생각도 않고 내 집인 양 앉아서 느긋하게 식사하고. 잠시지만 나는 그 집을 내 집으로 알고 있었다.

나를 그렇게 편안하게 해주신 허영자 님.

우리 모두를 넉넉하게 품어준 심 선생이 있어서다.

내가 만난 덕촌리 아저씨

용문면 덕촌리 심 선생 댁에서 나와, 이웃인 허영자 님 댁으로 갔다. 현관 입구엔 인동초 꽃이 만발. 정원, 오래된 단풍나무 밑에는 다탁이 놓여 있고… 정원 구경하는데, 집과의 담이 낮다. 누가 "담이 이렇게 낮아서…" 하니, 집주인(허영자 님 남편)이 해명한다. "그렇잖아도 집수리할 때 담장 높게 하자고 했는데, 내가 안 된다고 했어요. 그래도 안 좋은 이웃이라도 이사 오면 곤란할 일 생긴다고 해서― 그러면 내가 그 사람 좋은 이웃으로 만들어 놓겠다고 했어요."

이 말씀은 민주 시민의 자질을 넘어 신앙인격자의 말씀이다. 그는 오후 내내 이웃 할머니 집 문 고쳐주러 가시고.

그 아저씨는 이웃의 어려움 보살피는 즐거움으로 사시는 것 같다. 그리고 그는 내 책도 좋아하는 독자이시고.

그 댁에서 저녁 잘 먹고 내 집처럼 느긋하게 편안한 나를 깨운 건 "서울로 가는 막차가 몇 시지?" 누군가의 말에 정신 차리고 서둘러 출발. 시간 가는 줄 모르고 즐겁게 보낸―

마가렛 청초하고, 열무김치 맛있는 덕촌리의 하루였다.

감자, 참깨 키우는 대지의 어머니

덕촌리 심 선생 댁. 2층에 화실이 있고 거실 옆에 방이 있다. 1층은 그림 모아두는 곳이라 습기 안 차게 가끔 난방해주고 2층에서 산다. 2층은 주로 천정이 높은 화실 중심으로 설계됐고. 모네의 화실을 사진으로 봤는데, 그 화실을 연상시킬 만큼 송 화백 화실도 천장이 엄청나게 높고… 일정 때문에 그림을 제대로 못 보고 온 게 아쉬웠다.

덕촌리에 다녀와서 심 선생에게 전화하니, 이런 얘기도 해준다. "송 선생(심 선생 남편)이 그러는데 작가라 그런지 순수하대요, 소박하고." 내 얘기라 부끄러워서 얼른 화제를 바꾼다. "자네 지금 뭐 하는가?" "참깨 순 따고 있어요… 한 곳에 여러 개 심었다, 좀 자라면 두 개만 남기고, 더 자라면 하나를 잘라줘요… 대충해선 안 돼요."
"하나님이 우리 기르시는 것 같네."
그는 감자, 참깨 키우면서 땅 주인 하나님과 대화하고,
그 수확물 이웃과 나누는 대지의 어머니다.

지하철에서 만나는 푸근한 사람들

4호선 지하철 인덕원역에 내리려고 객실 출입문 쪽으로 나가는데, 소박한 아낙이 맑게 웃으면서 옆에 선 자기 남편의 얼굴에서 뭘 닦아내고 있다. 내가 웃어주니까, 더 크게 활짝 웃으면서 옆에 서 있는 남편 얼굴에서 계속 뭘 닦아내면서 내게 말한다. "로션(크림)이 여기 이렇게 뭉쳐 있어서…"

그 남편 얼굴은 못마땅하다는 듯 굳어 있고, 나는 사랑스런 그 아내를 보면서 미소 짓는다. '저 남편에겐 잘 웃는 밝은 아내가 있어서, 저 남편은 참으로 행복하구나.'

집으로 돌아오는 지하철 안, 만원이다. 출입문 옆에 옹색하게 서 있는데, 어떤 청년이 기대고 섰던 문께 자리를 내게 내주면서 "여기 기대세요." 나는 거기 기대고 서서 청년에게 고마워하고 있다. 그리고 환승하러 이수역에 내리면서 청년에게 말한다. "고마웠어요. 안녕히 가셔요." "안녕히 가십시오." 정중한 청년의 인사에 내 하루의 고단함이 가셔지면서, 인생에 대한 희망적인 즐거움이 솟는다.

동생이 아름다워 보이는 날

며칠 전, 오빠랑 서울(인천) 사는 형제들이 모여 점심 들었다. 그날 유독이도 동생이 아름다웠다. 지금까지 보아온 중에서 가장 아름다웠다. 그의 젊은 날까지 모두 합쳐서.

왜 그렇게 아름다웠을까? 동생은 약간 숱이 적어진 머리 그대로, 잔주름 좀 있는 얼굴 그대로. 오랜만에 루즈만 좀 발랐다는데, 조그만 동생 얼굴이 생기 나면서 풍성하게 아름다워서 한참이나 바라본다.

오늘 동생 마음이 무한정으로 자유하고 풍요로워서 아름다운가? 그날, 나는 선약이 있어, 남편만 간다고 했는데, 형제들 모임에 잘 빠지는 게 반성돼, 내 약속을 취소했다.

동생과 만나기로 한 전날, 동생에게 전할 말이 있어 전화하니, "…언니가 안 온다는 전화인 줄 알고 철렁했네."

순간에 보인 동생 진심에 내 가슴도 철렁!

사람은 남을 대접할 때(그날 동생네가 대접), 그리고 성실하게 살아온 인생이 쌓이면 아름다워지는가?

'오래 살면 아름다워진다.' 그날 동생이 보여준다.

오타誤打가 일을 하게 한다

내 모교인 광주사범학교 동창회에서 〈백년지기〉라는 회보, 자료 준비 위한 설문지를 보냈다.

나는 학교 때 추억도 없고, 동창 회원들에게 하고 싶은 말도 없어, 인적 사항이나 적어 보내려고 했다. 그러면서 동창회 일하는 분들에게 수고하신다, 격려 문자라도 보내려고 하다 그만 잘못 눌러 통화가 되고 — 곧 끊었는데 저쪽에서 즉시 전화. 나는 당황해서 오타라고 하는데, 회장님이라면서 전화받는 목소리가 맑아서 "목소리가 소년 같아요."

회장님은 나를 곧 알아보고 원고 청탁. 나는 「신혼여행」 수필이 '이상과 현실의 조화'라는 평도 있다고 하니, 그 원고 보내 달라고 해서, 그 글 실린 수필집(48집)과 『다시 도스토옙스키를 보다(49집)』 보냈다. 이렇게 동창회 회장님과 대화하고, 원고 청탁도 받고. 내 오타, 실수가 일을 한다.

때로는 극도로 소심해서 낯선 사람 피해 숨으려는 내게, 하나님은 실수라도 시켜 일을 하게 하신다.

아늑함은 왜 슬픔으로 이어지는가?

 며느리 생일, 며느리 좋아하는 금어초 사러 갈 힘이 없어서 집에 있는 꼬마 화분(꽃이 만개) 하나 들고 간다. 환승해서 3호선 지하철에 오르니, 넓은 객실에 사람 몇. 빈 객실은 칸막이 문이 없어, 비어 있는 옆 칸 객실까지 환히―
 시야가 무한대로 이어져, 화사한 봄날의 정원 같다.
 몇십 년, 내 지하철 인생에서 처음 본다. 새로 나온 지하철 객실은 연한 노랑색과 보드라운 회색 객석이 수십 개씩, 양쪽으로 줄지어 있으니, 어느 봄날 가든파티의 연회석 같고. 얼마나 포근하고 따뜻한지⋯ 객실의 아늑함에 젖어드는데, 눈물이 솟는다. 왜 아늑하고, 아름다운 것 보면 눈물나는가?⋯ 아름다움에 늘 굶주려서 그런가. 땅의 인생, 눈물 마를 날이 없구나.

 이 눈물은, 인생엔 슬픔이 웃음보다 낫기 때문일까?
 "슬픔이 웃음보다 나음은 얼굴에 근심하는 것이 마음에 유익하기 때문이니라"(전도서 7:3)
 그러나 웃음은 또 얼마나 귀한 생명수인가.

신비를 어떻게 옮기나?

S치과에서 내 삭은 이에 크라운(?) 씌우기.

마취 주사 3대 놓고, 준비 작업 1시간(?) 내겐 너무나 긴 시간. 앞으로 내 삭아가는 이를 다 이렇게 씌우면서 살아야 하나?… 장수는 재앙이라더니, 내 삭은 이가 의사 선생님 간호사님 괴롭히는 것 같아 민망해서 말한다.

"제가 관리 잘 못해서 크라운 씌우지요?" "아닙니다. 60, 70대에도 하는데, 관리 잘하신 겁니다." "제가 정기검진 몇 번 빠져서 그래요." "한 번인가? 많이 안 빠졌습니다."

치료 끝나고, 내가 말한다. "치과 치료는 예술이네요. 선생님은 조각가 같아요." "늘 하는 일인데요 뭐."

내 경우도 그렇다. 누가 글쓰기 힘드냐 하면, "힘 안 들어요. 내가 산 이야기, 그대로 쓰니까."

허나 — 지나간 삶의 흔적, 보이지 않은 느낌 그대로 옮기는 건, 신비를 그대로 옮기는 것. 신의 소관인 신비(신의 비밀)를 사람인 내가 어떻게 옮기나? 신의 도움, 절대 필요하다.

치아 치료도 '치아 만드신 주님' 손길 필요하고.

우리 집 표어가 뭔 줄 아니?

오랜만에 집에 온 아들 점심 준비하면서 아들에게 말한다. "우리 집 표어가 뭔 줄 아니?… '남편에게 순종과 존경' 우리 집 표어가 아니라, 그냥 엄마 혼자 표어지." "……"

어느 목사님이 부부관계는 아내가 남편에게 순종 존경하고, 남편은 아내 말 들어주고 아내 편 들어주는 일이라고.

아내들은 곧 반박. '남편이 순종할 만하고 존경할 만해야 하지(?)' 하나님이 남편 생명 그렇게 디자인하셨기에, 아내는 따지지 말고 순종하고 존경해야 — 그리고 남편에게 하신 말씀은, '한 단계 더 높여' 아내를 사랑하라 — 아내 말 다 들어주고 무조건 아내 편 들어주는 게 아내 사랑이다.

내 남편은 아내에게 자기 소신 안 굽히고, 무조건, 아내 편 안 들어주는 자존심의 사람이다. 그러나 그것도 봐주기로 하는데, 56년 걸렸다. 결론은 그래야 내 생명이 평안하니까. 남편에게 '순종하고 존경하라' 결국은 나를 사랑하시는 하나님이, 나를 위해서 하신 말씀이다.

당신은 오늘의 베스트 드레서

 남편이 책(50집) 부치려고 우체국에 가는데, 짙은 카키색 바지에 베이지색 봄 점퍼. 오래 전에 어디서 산 중저가 점퍼, 처음부터 내 맘에 안 들어서 칭찬하지 않았는데 작년부터 좀 괜찮아지더니 오늘 아침엔 잘 어울린다. 내 미의식이나 미감도 세월 따라 변하나?… 남편의 오늘 옷차림은 중년(노년)의 중후한 멋까지 풍기고 있다. 나는 즉시 찬탄!

 "당신, 오늘의 베스트 드레서네. 와아!"
 남편은 대꾸도 않고 무표정으로 우체국에 다녀와서, 점퍼만 벗고 주방 넓은 조리대에서 우편으로 보낼 소포 포장지 재단. 몰입해서 재단하고 자르는 진지한 자세가 전문가 같다. 전문가는 젊어 보인다. 짙은 카키색 티셔츠가 무척 젊게 보인다. 나는 또 찬탄— "당신 지금 청년 같네, 열심히 일하는 청년, 이상하네, 일하는 남자는 다 청년 같네."

 '당신 오늘 베스트 드레서' 칭찬 한마디가 남편을 노년에서 청년으로?… 사람은 다 신비 그 자체다.

모자란 듯한, 아내

 화순이 고향인 친구가, 날더러 어쩜 그렇게 글을 잘 쓰냐면서 날더러 '문서 목회자'라고 극찬. "나는 얼띠기(얼뜨기)예요. 아무것도 몰라요." "방금 말한 그 얼띠기, 그 말이 얼마나 재밌는지 아세요… 나도 남편하고 말로 싸우다가, 갑자기 '얼른 와서 밥 먹어요… 아까는 내가 잘못했네요.' 이 말까지 해버려야 맘이 편해요. 아내는 어느 정도 얼띠기 같아야 부부 생활이 편안해요." "그러니까 당신도 얼띠기구나… 그래요, 난 푼수고, 어리석고 유치하고."

 '얼띠기'는, 흐리멍텅하고 멍청한 사람을 말하는 얼뜨기의 방언이라고. 가끔 얼빠진 사람같이 멍청한 나를 두고 내가 하는 말. 가끔 내가 그런 사람이니까. 친구가 또 말한다.
 "요새 아내들은 가끔 얼띠기가 되어 남편 긴장 풀어줘야 해요(매사에 얼뜨기는 안 되지만)." "그래요, 살다보니 얼뜨기 아내도 쓸모 있단 말 듣네요."
 얼뜨기가 '똑똑녀'보다 나은가? 사람을 비교하면 안 된다. 그 쓰임이 다를 뿐. 사람은 다 존귀하다.

내가 가장 행복하게 보일 때

 작가인 내가 가장 행복할 때는 언제일까? 내 책 우체국 소포로 보내고 우체국에서 "배달 완료" 문자 받았을 때. 남편 말이다. "당신이 가장 행복할 때가 언젠 줄 아는가?"
 "몰라요. 내가 언제 행복해 보여요?" "책 배달했다는, 우체국 문자 받았을 때… 애기가 엄마 젖가슴 물고 엄마 쳐다보면서 웃는 얼굴, 그 이상도 그 이하도 아니야."
 "내가 그렇게나 좋아해요?… 당신 대단하시네, 아내의 무의식 상태 표정을 그렇게나 잘 보아내시고, 당신이 소설가야, 심리학자야. 아내의 무아지경 표정을 그리도 잘 보아내고… 무서워라. 앞으로 조심해야겠네."
 나는 내 책 받고 기뻐할 상대의 표정을 혼자 상상하고 아이처럼 좋아하나 보다. 그걸 잡아낸 남편 심안도 놀랍고. 작가는 작품을 독자가 공감할 때, 가장 행복하고 기쁘다.

 더 기쁠 땐 하나님이 내 삶(글)을 인정하고 칭찬하실 때, 그 때가 가장 기쁘고 즐거울 것.

이천의 추억

 동생이 새로 구입한 튼튼한 승용차로 우리 형제들이 이천에 봄나들이 갔다.
 돌아와서 며칠 됐는데, 동생 통장으로 그날 동행한 세 동생에게 오빠가 사탕 값이라고 얼마씩 보냈다. 그런데 보내면서 짧게 보낸 문구가 시詩적이다. 동생이 그 문구를 말해준다. "이천의 추억… 오빠가"

 나이 드신(89세) 오빠가 말하는 '추억'이라는 말은 가슴 뭉클하다. 내겐 기억하고 싶은 추억이 별로 없다. 지난날은 모두 자기 비하, 자기 불만이 앞서 수치스럽기만 해서, 애써 피한다. 그때 조금만 더 잘했으면, 조금만 더 참고 더 이해했으면 좋았을 걸… 이런 내게 무슨 아름다운 추억거리가 있겠는가? 그러나 '이천의 추억… 오빠가'
 오빠의 이 동생 사랑은 내 마음속에 들어와 슬프고 아름다운 기억으로 살아 있을 것이다.

헌 운동화 자랑

가난한 아이는 새 운동화 사면 머리맡에 두고 잠 못 들던 시기가 있었다. 동생이 20 몇 만 원짜리 운동화 사 줬는데, 10년 이상 신고 있다. 밑창을 댔더니, 앞으로 몇 년은 더—

새 운동화만 자랑스러운가? 헌 운동화도 자랑스러울 때가 있다. 동생이 버린다는 헌 운동화 갖다가 밑창을 6천 원 주고 댔더니 멀쩡하다. 동생보다 발이 작은 내겐 좀 커서 운동화 끈을 바짝 조여 매서 신어야. 그렇게 해도 내 뒤꿈치와 운동화 사이가 약간 벌어져, 걸으면 좀 헐떡거린다.

그럴 때 나는, "하나님 저 지금 쓰레기 줄이고 있어요. 저 참 잘 했지요?…"

버린 운동화 주워 신는 게 궁상이지 그게 뭐 자랑이라고? 소비가 미덕이던 시대가 있었다. 그런 과잉 소비가 "지구 온난화!"라는 대재앙이 된 건 아닐까?

시장이 반찬이듯, 모자람 속에 사람 사는 맛이 있다. 그래도 내가 인생을 즐겁게 사는 건 내 노년에도 모자란 것이 많기 때문이다.

엄마 흥분하지 말고

"엄마 책 쌓아놓고 책 안에서 쉬세요. 흥분하지 말고…"

아들에게 '책이 나왔다… 친구가 내 책 읽고 날 문서 목회자라고 한다…' 이런 엄마 말 듣고, 아들이 한심해서 하는 말이다. 나를 흥분케 한 친구(목회자) 말을 그대로 옮긴다.

"어쩌면 그렇게 글을 잘 써요?… 피 흘림이 축복이다. 그렇게 내 피 흘림과 구원을 연관 지어요? 그걸 목회자들이 잘 못해요… 그리고 그 의자, 거저 주워온 건지 몰랐어요. 거저 주워온 건 두고두고 기쁘다, '거저 받은 구원'을 그 의자 들어 쉽게 설명하시고. 그게 우리 목회자들은 어려운데 작가님은 그렇게 잘 하세요… 작가님은 문서 목회자네요."

"목회자들은 기도하고 설교 말씀 준비하시니까… 생활 현장에 몸담고 있는 작가 주부인 내가 구체적으로 말씀 적용할 수 있지만 문서 목회자라니, 그건 가당찮아요."

'엄마 책 쌓아놓고, 책 안에서 쉬세요. 흥분하지 말고…'
엄마 위에 아들이 있다.

7월에 피어난 자목련 몇 송이

장마가 계속되는 7월 말, 혼자 사시는 시골 친구(79세)가 전화한 내용이 참 시詩적이다.

"…때도 아닌데, 뒤안(뒤뜰)에 자목련 몇 송이가 피어서, 나한테 말을 거네요…" "…그걸 짧게 시로 만들어보세요."

그에게 일본 하이쿠(짧은 정형시) 두 편을 읽어드린다.

제목「가는 봄이여」
"가는 봄이여 ∥ 새 울고 물고기의 ∥ 눈에는 눈물"
제목「바위에 스며드는 매미 소리」
"조용함이여 ∥ 바위에 스며드는 ∥ 매미 울음 소리"

(마쓰오 바쇼: 김정례 옮김)

이 시를 썼다는 산사, 1년이면 100만 명 이상 관광객이 찾는다고. 여름 산사의 그 정적, 매미 소리가 그리워, 산사 찾는 일본인의 서정… 요즘 불멍, 물멍, 시詩멍 하는데, 나는 시멍이 좋다. "가는 봄이여 ∥ 새 울고 물고기의 ∥ 눈에는 눈물" 그윽한 내 정서의 쉼이여.

인간관계는 종합예술이다

 도농 친구와 헤어진 이튿날, 그에게서 들은 "관계는 종합예술"에 대해 자세히 묻는 글 보냈다. 그가 보낸 답글은.

 "기 선생님! 어제는 먼 길 오시느라 고생 많으셨지요! 답신이 늦었지요. 봄은 월급통장의 잔고보다 빠르다고, 쥐꼬리만한 봄을 아쉬워하는 우리들의 어제 봄나들이는 참 짧으면서도 즐거웠어요. 그리고 제가 『○○○ 씨의 관계의 물리학』이라는 책에서… 관계는 종합예술의 경지에 도달한 거라는 문장을 찾느라고, 책을 완독했는데도 안 나오네요. 다른 책이었나 봅니다… 봄비가 내리고 있습니다. 편안한 하루 보내시기 바랍니다."

 "'관계는 종합예술'에 대한 제 질문, 정확하게 답하시려고 ― 그 책을 완독하시다니!… 오늘도 당신의 성실함을 배웁니다…. 괘념치 마시고 자유하세요. 자유로워야 아름다운 관계가 유지됩니다. 우리가 관계 잘 하는 것도 종합예술이지요… 어제의 짧은 봄날, 저도 즐거웠습니다."

어느 외국인 여성 근로자에게

오빠, 두 동생과 함께 내가 이천 p식당에 들렀을 때.

동생이 말한다. "여기는, 이천에 운동하러 오면(남편이랑) 언제나 들르는 식당이야." 그 식당에서 점심 든 후, 동생이 계산하러 갔다 와서 하는 말이다. "여기서 일하는 베트남 여자가 두 분 있어, 내가 올 때마다 만 원씩 드려." 내가 흐뭇해서, "잘 한다. 그러니까 올 때마다 2만 원 드리는구나."

내 말에 오빠도 적극적으로 거든다.

"참 잘한 일이다. 참 잘한 일이다."

오빠는 감격한 목소리로 두 번이나 반복한다.

동생이 거기 갈 때마다 외국인 여성 두 근로자에게 만 원씩, 2만 원 드리는 일은, 지극히 작은 일 같지만 한 생명에게 기쁨과 위로를 주는 ─ 하나님 기쁘시게 하는 큰일이다.

지극히 작은 자에게 하는 일이 곧 하나님께 하는 일이니까. 그건 작은 일 아니고 큰일이다.

저에겐 백과사전 같은 책

평택 최 선생이 내 책 받고서 긴 독후감을 보냈다.

나를 뒤돌아다 보게 하고, 잠깐 내 삶을 멈추고 생각하게 하는 그의 글을 여기에 옮긴다.

(부끄러워하지도 않고. 이미 그런 차원을 넘어선 나.)

"귀하고 보물 같은 이 책자들(기일혜 수필집 50집:10권)을 보면서도 저는 그 알맹이를 꺼내지도 못하고 이제야 작가님의 그 고운 성품과 또는 광범위하게 펼쳐나간, 때로는 말씀을 묵상하듯, 한참씩 하나님의 사랑에 감동을 받게 하는, 나에게는 묵상집이기도 한 책입니다.

그러면서도 이렇게 무례하게 몇 달이 지나도록 소식도 전해드리지 못하고 있었습니다. 전화를 해도 안 받으실 정도로 많이 섭섭해 하실 것 같습니다. 세상물정 너무도 모르며 살아온 저에게 이 책자들은 백과사전과 같은 보물들이 터져 나오는 글, 평범한 듯하면서 매력 있는 세상살이와 한 가정의 지혜로운 삶까지 꽉 차게 들어 있어 많이, 많이 보고 듣고 배우며 여행길에 오른 듯합니다.

'아~ 119페이지(기일혜 수필집 50: 「내가 요즘 존경하는 사람」)'도 읽었습니다.

작가님, 제 작은 일에 그렇게 감격해 하시다니 정말 몸 둘 바 모르겠습니다. 작가님 사랑합니다. 순서도 없이 이렇게, 그러나 지난 몇 달 동안 묶여 있던 마음이 풀려져 나오는 것 같습니다. 긴 사연으로 작가님 피곤하게 해드려서 죄송합니다. 최○자 드림."

최 선생님. 어느 요양원에서 근무하실 때, 두 손 묶어 놓은 할머니 보시고, 밤에라도 자유하시라고 풀어드린 할머니 손 붙잡고 그 옆에서 주무셨지요.

그게 어찌 '작은 일'입니까?

예수님 같은 사랑으로나 할 수 있는 일입니다.

중환자실에서 나를 찾는 독자

"여기 중환자실인데요." 독자(78세?) 아드님 전화다.

독자가 혈액암 4기, 항암 4번 받고 너무 고통스러워 중단하고 인생 정리하는 그 밤에 나를 찾는다. 독자는 지금 귀도 안 들리고 말씀도 못 해서, 아들이 대신하는 전화다.

"어머니가 기일혜 작가님에게 전화하라고 해서…"

독자의 마지막 같은데… 내가 무슨 말하랴? 이 위급상황에서 엉겁결에 아드님에게 전한 말은, '사랑합니다 —'

그 순간의 내 맘 다 담지 못한다. 차라리 침묵할 걸… '사랑합니다.' 이 말에도 담지 못한 내 마음이 있다. 순간 그에게로 쏟아지던 내 생명, 다 담아낼 언어가 없다.

집 화단에 꽃, 나무가 아름다우면 나를 부르시고… '내게 있는 좋은 것 다 주는 게 사랑' 그가 아름답다고 생각한 걸 많이도 주셨다. 이 사랑을 어찌합니까?… 그가 내게 좋은 걸 주셨듯이, 나도 다른 사람에게 좋은 걸 드리며 살아야지요, 그래야지요… 저를 용서해 주셔요.

아내는 가족의 외로움 장관이다

 세계 최초(2018년 1월)로 "외로움 장관"이 영국에 생겼다. 지난해엔 '자살예방 장관'도 영국에 생겼고. 일본에는 고독 장관이 있다. 오늘 아침 남편이 외로움 장관 얘기를 꺼낸다.
 나는 그러느냐고 하면 될 것인데, "외로움 장관이요? 그거요, 한 10년(5년 전) 전에 신문에서 봤어요."
 남편은 말을 않고 잠잠. 남편 말을 중도에 무지른 실수를 저지른 나. 잘못 깨달았으면 즉시 사과하면 되는데, 한동안 고민하다가 한참 뒤, 세면실에 있는 남편을 급히 부른다.
 "여보, 아까 당신이 외로움 장관 얘기 꺼냈지요. 그러면 내가 잠자코 당신 얘기 들었으면 될 건데, 다 들어보지도 않고 내가 좀 안다고, 당신 말을 중도 무지르고… 미안해요…"
 "왜 사실을 말했는데…"
 남편은 아내의 정중한 사과가 뜻밖이어서, 이런 아내를 위로하려는 듯, 오히려 자기가 미안하다는 듯이 말한다.
 "사실이라고 다 말해요. 상대방 마음 상해가면서까지."

 남편은 곧 외출하고 나는 집에서 두고두고 아침 일을 아프게 생각한다.

그날 저녁에 돌아온 남편은 전에 없이 평온한 얼굴.

아내의 순발력에 뒤져, 늘 뒤로 물러나면서 참아주는 남편이었는데, 오늘은 아내가 그걸 깨닫고 사과하니, 평온한 것인가?… 불쾌함이나 못마땅함도 참고 견디면서 혼자 삭이는 남편들, 세상 남편들은 다 그런 것 같다.

"아담이 그의 아내의 이름을 하와라 불렀으니 그는 모든 산 자(남편도 포함)의 어머니가 됨이더라"(창세기 3:20)

아내는 남편의 어머니, 가족의 외로움 장관.

남편의 지치고 외로운 마음, 포근히 감싸 안아줘야 한다.

나는 고결함의 탐구자인가?

도스토옙스키의 「카라마조프의 형제」를 다시 읽다가, 나는 이 대목에서 오열했다. 좀 길지만 내가 오열한 까닭을 들어 보시라— 장남 미챠(애칭)가 친부 죽인 범인으로(혐의 받아) 체포되었을 당시 부르짖는 말이다. 방종과 음탕으로 살아온 그가 절규한다.

"여러분, 지금 당신네들은 나를 실제의 나와는 전혀 다른 인간으로 여기고 계신 것 같군요. 지금 당신네들과 말을 하고 있는 이 사람은 고결한 인간입니다. 더없이 고결한 인간입니다. 지금까지 수없이 추악한 행위를 해왔습니다만 언제나 고결한 인간으로 일관해 왔다는 사실입니다. 마음속에서는, 마음속 깊은 곳에서는… 그러니까 한마디로 말해서, 아니 말로썬 표현할 수가 없군요… 요컨대 나는 고결함을 갈망해서 지금까지 한평생 고통 속에서 살아온 겁니다. 나는 이른바 고결을 위한 수난자, 등불을 켜든, 디오게네스의 등불을 든 고결의 탐구자였습니다. 그러면서도 나는 다른 모든 사람들과 같이 비열한 짓만 해왔습니다. 아니, 나만 그렇다는 겁니다…"

"그런데 여러분, 나는 아버지의 얼굴이 보기 싫었습니다. 그 파렴치한 오만성, 온갖 성스러운 것을 무시하는 그 뻔뻔스러운 표정, 조소와 불신이 뒤섞인 추악한 얼굴, 그보다 추악한 것이 어디 있겠습니까! 그러나 지금 그 아버지도 죽고 보니, 나도 생각이 달라졌습니다."

미챠는 아버지를 죽이지 않았으면서도 이렇게 자신에게 불리한 증언을 하고 있다. '나는 나 자신에게 불리한 말도 서슴치 않습니다.' 하면서… 이 글을 읽고 나는 왜 오열했을까? … '맞아, 이제야 알았어. 이제야 나를 찾았어! 나도 고결을 갈망해서 한평생 신음한 고결의 탐구자야. 내 평생은 고결 향한 몸부림. 왜 몸부림쳤을까? 고결하게 못 살아서―그래서 나는 오열한다. 난 그런 사람이었구나… 나만 그럴까? 인간은 다 고결을 갈망하면서 비열하게 사는 수난자, 그게 인생이야. 도스토옙스키의 말처럼 인간은 다 비열한 卑劣漢, 의인은 한 사람도 없다. 누가 누구를 비난하고 판단할 것인가…'

도스토옙스키의 소설 「카라마조프의 형제」는,

그의 '예술적인 성서'라고 한다. 가히 그럴 만하다.

책을 내는 목적이 뭐냐고요?

 내 수필집 50권, 한 단계 마무리하고, 새롭게 다시 책 내는 일로 아들과 의견 갈등이다. 한마디로 중언부언하는 내게 아들은 "엄마가 책 내는 목적이 뭔데요?"
 핵심을 찌른다.
 나는 "내 삶을 통해서 하나님(사랑) 모르는 사람들에게 내 삶으로 알려드리는 것이지…"

 그렇다면 내가 왜 책 판매에 관심 둘까? 독자들의 서평에 흥분할까? 나는 이 두 문제를 초월해야 한다. 그러나 초월 못할 때가 있다. 내 후반 인생을 이 책 내는데, 전부―
 거의 다 쏟았기 때문이다. 이걸 조심해야 한다.
 '그거 내가 했나? 하나님이 하셨지.'
 말로만, 생각으로만 말고 ― 삶속에 뿌리내려야.

 내 책이 인간적이기보다 영적이라면―
 영적인 책에 무슨 인간적 욕심을 내랴.

당신에게서 향기가 나네요

봄 한낮. 현관문 열자, 소독하는 여인이 분무기 들고 오는데, 향내가 난다. 내가 웃으면서 말을 건넨다.

"당신에게서 향기가 나네요." "…아아 저 아래 꽃(봄꽃)들이 많이 피었던데, 그 향기가 묻어왔나 봐요."

화장품 냄새 같은데 젊은 여인의 대답이 재치 있다.

그는 거실 전면의 모네 그림 〈양산 쓴 여인〉 보고,

"참 아름답네요." "그림 좋아하시구나, 저 쪽에도 그림 있으니, 보셔요." "보고 싶지만 일해야 해요."

그는 소독 마치고 간다. 좋아하는 그림도 못 보고.

생업에 쫓기는 여인, 위로하려고 내가 붙잡는다.

"저런 거(그림) 별 거 아니어요(?). 그보다 소중한 인생이 자연이 우리 앞에 있어요." 여인은 다소곳하게 고개 숙이면서 가늘게 떨리는 목소리로 "고맙습니다."

여인이 남기고 간 떨리는 목소리 '고맙습니다.' 내 가슴도 떨린다… 그에게 말해주고 싶다. '이 순간 당신의 떨리는 목소리는 거실에 있는 어떤 그림보다 더 나를 떨게 한다고.'

기일혜 작가의 끝나지 않은 이야기 **1**

나는 왜 떨리는가?

초판 발행일 2023년 11월 17일

지은이 기일혜
펴낸이 임만호
펴낸곳 창조문예사
등 록 제16-2770호(2002. 7. 23)
주 소 서울 강남구 선릉로112길 36(삼성동) 창조빌딩 3F(우 : 06097)
전 화 02) 544-3468~9
F A X 02) 511-3920
E-mail holybooks@naver.com

ISBN 979-11-91797-37-4 03810
정 가 7,000원

※ 잘못된 책은 바꾸어 드립니다.